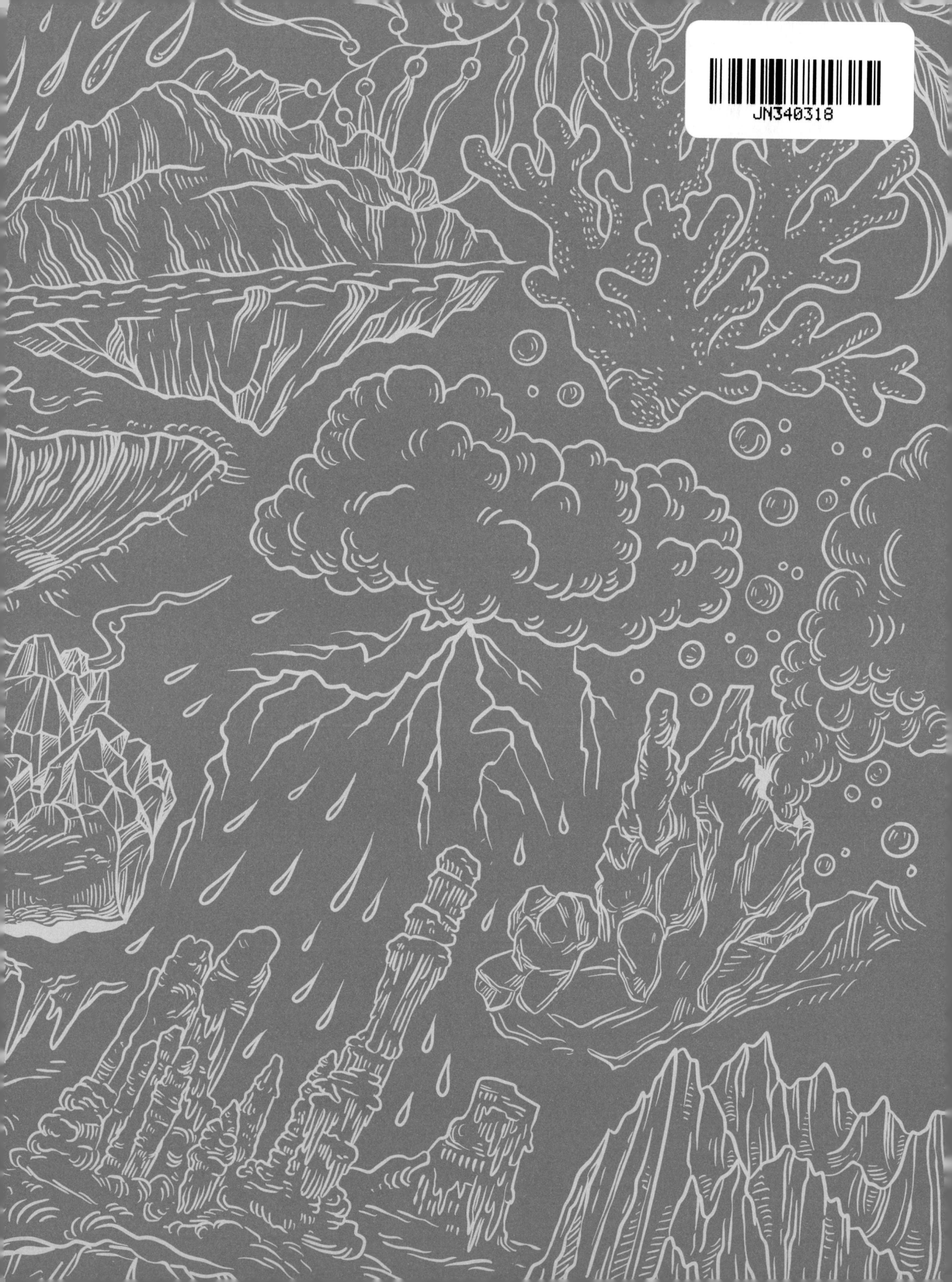

100가지 사진으로 보는
지구의 신비

캘리 올더쇼 지음
안젤라 리자, 대니얼 롱 그림
김미선 옮김
맹승호 감수

책과함께 어린이

들어가며

지구는 변화무쌍해요. 따뜻하고 맑은 날이 있는가 하면, 어떤 날은 춥고, 축축하고, 폭풍우가 몰아치기도 하지요. 반복하여 변화하는 날씨는 지구의 표면을 바꾸어요. 시간이 흐르며 바위는 비바람에 깎여 부서지고, 풍경이 바뀌기도 해요. 땅속에서만 활발하던 움직임이 지진이나 화산 활동을 통해 지표면에서도 보일 수 있어요. 수백만 년에 걸쳐 산이 생기고 없어졌답니다.

지금 이 순간에도 나뭇잎 하나가 나무에서 떨어지고, 모래 한 톨이 사막 위에서 바람에 실려 날아가겠지요. 광물질을 가득 머금은 물이 석회 동굴 속으로 똑똑 떨어질 수도 있고요. 수많은 세월이 흐르면 작은 변화가 큰 변화를 일으킬 수 있답니다. 지구과학자로서, 저는 탐정처럼 지구가 움직이는 방식을 연구했어요. 여러분도 저처럼 할 수 있어요! 지구가 어떻게 돌아가는지 알아낸다면 과거에는 어떻게 움직였는지도 배울 수 있답니다. 미래에 어떻게 변화할지도 예측할 수 있고요.

Cally Oldershaw

저자 캘리 올더쇼

목차

우리의 행성, 지구 4
지구의 층 6
핵 8
맨틀 10
암석이 많은 지각 12
거인의 방죽길 14
운석 구덩이 16
암석의 순환 18
악마의 탑 20
무지개 암석 22
화석 24
대리암 26
금속 28
탄소의 순환 30
자수정 32
다이아몬드 34
육지 36
지구의 판 38
두 개의 판 사이에 40
단층선 42
솟아오르는 산 44
습곡 산맥 46
암염 돔 48
크라카타우의 아이 50
화산재 구름 52
파호이호이 용암 54
아아 용암 56
산성 물웅덩이 58
간헐천 60
섬 62
화산섬 64
시스택 66
다양한 모양의 돌 68
벌집 풍화 70
백악질 절벽 72
산사태 74

눈사태 76
물 78
물의 순환 80
망상 하천 82
강의 모양 84
삼각주 86
물에 뜬 무지개 88
폭포 90
염호 92
크레이터호 94
피오르 96
거대 동굴 98
동굴 퇴적물 100
동굴 진주 102
드넓은 대양 104
연기 굴뚝 106
망간 단괴 108
연니 110
파도 112
소용돌이 114
산호초 116
환초 118
갈색 해초류 숲 120
바닷말 122
적조 124
극지방 126
눈 괴물 128
빙하 130
해빙 132
줄무늬 빙산 134
파란 얼음 136
얼음 동굴 138
얼음 폭포 140
공기 142
지구의 대기 144
오로라 146

바람 148
구름 150
폭풍 구름 152
비 154
토네이도 156
안개 158
우박 160
얼음 폭풍 162
눈송이 164
무지개 166
햇무리 168
끊임없는 폭풍 170
건열 172
다양한 지역의 다양한 풍경 ... 174
생물군계 176
뜨거운 사막 178
추운 사막 180
버섯바위 182
모래 184
카르스트 지형 186
사바나 188
온대림 190
무지개 유칼립투스 192
운무림 194
타이가 196
숲 속 나무 198
툰드라 200
열대 습지 202
맹그로브 늪 204
계단식 논 206
땅을 개간해요 208
몸어 풀이 210
그림으로 보는 지구 212
찾아보기 220
사진 출처 224

우리의 행성, 지구

우리는 특별한 행성에 살고 있어요. 지구는 태양계에 있는 다른 행성들과 함께 태양 주위를 돌고 있지요. 지구는 약 45억 년 전에 생겼는데, 태양으로부터 세 번째 위치에 있는 덕분에 물도 있고 생명도 있답니다. 다른 행성들과 달리, 지구의 판은 활발하게 움직이기 때문에 지구의 모양도 끊임없이 바뀌고 있어요. 날씨도 시시때때로 변해서 바위투성이 육지와 바다의 모양도 항상 같지 않지요.

산은 풍화와 침식을 겪으며 깎여 내려가요. 그리고 땅이 서로 밀어 올리며 새로운 산이 만들어집니다. 다른 곳에서는 땅이 갈라지고 각기 다른 방향으로 움직이며 그 사이로 바다가 만들어지거나 용암이 터져 나오기도 해요. 지구 내부에서 올라오는 열은 지열 에너지가 되어 전기를 일으키는 데 쓸 수 있어요. 지열은 압력과 결합하여 암석을 변하게 만듭니다. 광물과 원석, 결정, 금속 등 지구의 귀중한 보물이 만들어져요.

지구는 태양계의 행성 중 유일하게 지표면에 물이 있어요. 물은 생명이 살아가는 데 꼭 필요하답니다.

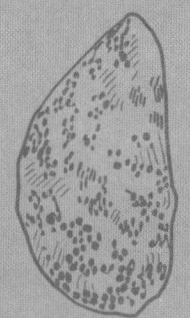
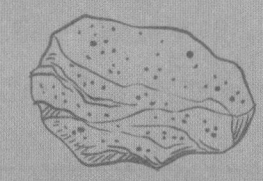

(맨 위 왼쪽부터 시계 방향) 스코틀랜드에 있는 핑걸의 동굴, 결정 구멍 안의 파랗고 하얀 결정, 기반암 안에 있는 허키머 다이아몬드, 이탈리아에 있는 특이한 무늬의 대리석

지구의 층

약 45억 년 전, 지구가 탄생했어요. 녹은 마그마 상태였던 행성이 차갑게 식었고, 더 무거운 금속은 중심으로 가라앉아 핵이 되었지요. 더 가벼운 물질은 그때까지도 가라앉지 않고 지구의 맨틀과 지각이 되었답니다.

대기
지구가 만들어지는 사이에 기체가 빠져나와 대기를 만들었어요. 대기는 주로 질소와 이산화 탄소, 수증기로 이루어져 있어요.

육지
육지는 지구의 표면 중 일부인데, 물이 아닌 암석과 흙, 식물로 덮여 있는 곳을 말해요.

대륙 대륙은 총 일곱 개예요. 아시아와 아프리카, 북아메리카, 남아메리카, 남극, 유럽, 호주지요.

바다
지표면의 70퍼센트 이상이 민물과 짠물이랍니다. 바닷물은 소금처럼 짠맛이에요.

맨틀
맨틀은 핵과 지각 사이에 있는 층이에요. 주로 철과 마그네슘이 가득 들어 있는 암석으로 이루어져 있고, 두께는 3,000킬로미터에 가까워요.

대륙 지각
대륙은 대륙 지각으로 이루어져 있어요. 두께가 약 40킬로미터, 해양 지각보다 더 두꺼워요.

내핵
땅속으로 약 6,400킬로미터 정도 뚫고 들어가면 내핵에 도달할 수 있어요. 내핵은 철과 니켈 금속으로 이루어진 단단한 공 모양이랍니다.

외핵
액체 상태의 외핵은 내핵을 감싸고 있어요. 외핵은 주로 액체 상태의 철, 니켈, 산소 등으로 이루어져 있습니다.

해양 지각
해양 지각은 대륙 지각보다 얇아요. 두께가 대부분 약 7킬로미터에 지나지 않지요. 대양 아래에 있는 가장 오래된 해양 지각 중에는 약 2억 년 전에 만들어진 것도 있답니다.

뜨거운 암석 지구 중심의 온도는 대략 섭씨 5,200도나 된답니다.

핵

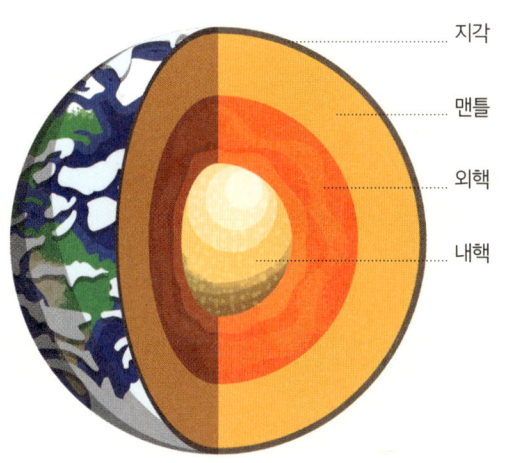

지구 중심의 온도는 섭씨 5,200도예요. 태양의 표면과 맞먹을 정도로 뜨겁지요.

지구를 사과라고 생각한다면, 지각은 사과 껍질의 두께와 비슷하다고 볼 수 있어요. 그리고 지구에도 사과처럼 핵이 있답니다. 단지 줄기만 없을 뿐이지요! 우리는 지구의 핵이 두 부분으로 이루어져 있다는 사실을 앞에서 배웠어요. 엄청나게 뜨겁고 단단한 내핵과 그 주변을 두껍게 감싸고 있는 액체로 이루어졌다고요. 내핵의 지름은 약 2,400킬로미터이며 니켈과 철 두 가지 금속으로 구성되었답니다. 한편, 외핵은 대부분 액체 상태의 철과 니켈, 산소로 이루어져 있어요.

외핵 끄트머리까지 가려면 3,000킬로미터나 깊이 파고들어 가야 해요. 지금까지 우리는 지각 아래 12킬로미터까지밖에 파지 못했답니다. 그러니 아직 갈 길이 멀어요.

지구의 내핵은 니켈, 철과 같은 금속으로 이루어져 있어요. 지구와 같은 시기에 만들어진 이 운석도 마찬가지예요.

킴벌라이트는 맨틀에서 나온 화산암이에요.
킴벌라이트에 포함된 다이아몬드 결정은
땅속 깊은 곳에서 지표면으로 나온 거예요.

맨틀

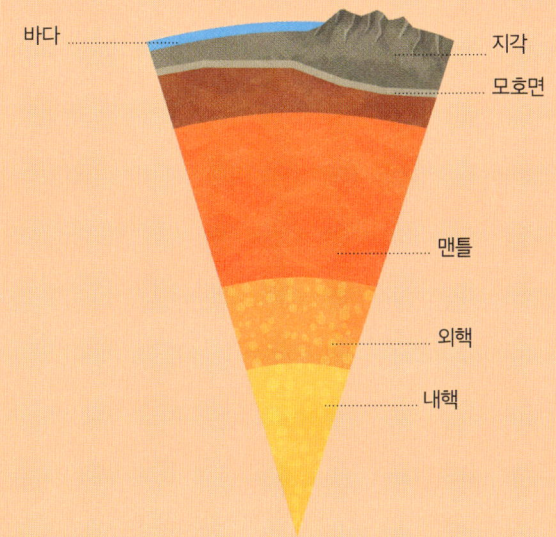

지구의 핵과 지각 사이에는 두꺼운 암석층이 있어요. 이것을 맨틀이라 부릅니다. 맨틀의 두께는 대략 3,000킬로미터예요. 어두운 색깔의 맨틀 암석 안에는 철과 마그네슘이 많답니다. 푸른 감람석과 휘석이라는 광물도 들어 있어요. 심지어 석류석이나 다이아몬드가 들어 있는 경우도 있지요.

맨틀과 지각 사이에 있는 경계를 모호면이라 불러요. 이것을 연구한 크로아티아 학자 안드리야 모호로비치치의 이름을 따서 지었어요. 모호로비치치는 경계를 실제로 볼 수는 없었지만, 그곳에 있다는 사실은 알고 있었지요. 그가 지진을 연구하다 특정 깊이에서 지진의 속도가 변한다는 것을 알아챘기 때문이에요. 그때 지진의 진동이 다른 물질을 통과한다는 사실을 깨달은 거예요.

다이아몬드는 지표면의 약 160킬로미터 아래에서 생성되어요.

화강암은 대륙 지각의 80퍼센트를 차지해요.

암석이 많은 지각

삐죽삐죽하면서도 거대한 토레스 델파이네산은 칠레의 파타고니아 지역에 하늘 높이 솟아 있어요. 산의 이름은 '파란 탑'이라는 뜻인데, 지구의 지각 아래 깊은 곳에 있던 땅이 움직이며 만들어졌답니다. 1200만 년 전, 마그마라 부르는 녹은 암석이 지구의 층을 따라 위쪽으로 올라왔어요. 하지만 화산으로 폭발하지 않았기 때문에 마그마는 지표면 위로 올라오지 못했지요. 대신 녹은 암석은 지하에서 식고 나서 둥근 지붕 모양의 화강암이 되었어요. 약 1만 4000년 전 빙하기에 땅은 얼음으로 덮였지만, 얼음이 점차 녹으면서 땅과 화강암 위에 있던 부드러운 퇴적물은 닳아 없어졌죠. 그 뒤로 화강암도 점점 깎여 나가고 결국 이렇게 푸른빛이 감도는 높다란 기둥만 남았어요.

대륙 지각

맨틀

해양 지각

물 성분을 포함한 해양 지각이 맨틀 안으로 가라앉으면, 해양 지각 일부가 녹아서 마그마가 되어요. 뜨거운 액체 상태의 마그마는 대륙 지각을 통과하며 위로 올라갑니다. 여기에서 화산으로 폭발하거나 식어서 토레스 델파이네와 같은 산을 만드는 거랍니다.

토레스 델파이네의 가장 높은 세 개의 산봉우리 높이는 2,500미터예요. 토레스는 스페인어로 '탑'이라는 뜻이고, 파이네는 그곳에 사는 테우엘체인의 토착어로 '파랗다'라는 뜻이랍니다.

거인의 방죽길*은 화산 활동으로 만들어진
4만여 개 현무암 기둥으로 이루어져 있어요.

*방죽길 : 물을 막는 둑인 방죽을 따라 만들어진 길

거인의 방죽길

거인의 방죽길은 중앙 해령에서 솟아 올라온 화산 용암으로 만들어졌어요.

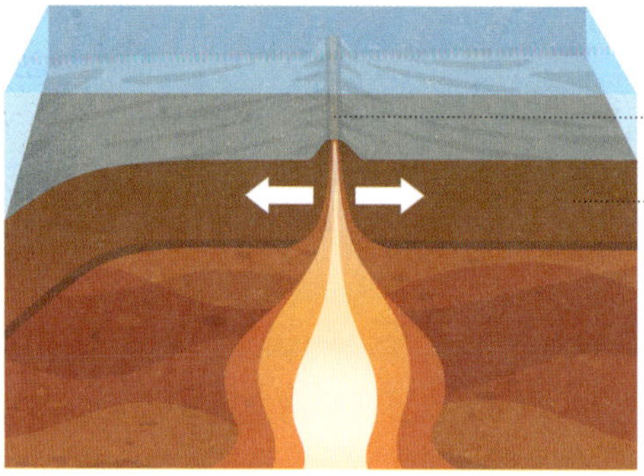

중앙 해령
해양 지각

북부 아일랜드의 거인의 방죽길에 있는 현무암 기둥 중 가장 높은 것은 12미터나 된답니다.

거인의 방죽길에는 이런 전설이 전해져 내려와요. 아일랜드의 거인 핀 막쿨이 자신에게 싸움을 건 스코틀랜드의 거인 베난도네르를 만나려고 아일랜드 북부에서 스코틀랜드까지 바닷길을 만들었다는 거예요. 베난도네르가 싸움에서 지자, 스코틀랜드로 도망가면서 방죽길의 일부를 망가뜨렸다고 해요.

이 특별한 곳에 얽힌 진짜 이야기는 조금 달라요. 하지만 전설에 못지않게 놀랍지요. 방죽길을 이루는 현무암 기둥은 5000만 년 전에서 6000만 년 전에 해양 지각에서 뜨겁고 잘 흐르는 용암이 뿜어져 나와 평평한 고원 모양으로 퍼져 나가며 만들어졌어요. 용암이 식으면서 오그라들고 갈라져서 수천 개의 육각형 모양 기둥이 만들어지게 된 것이죠.

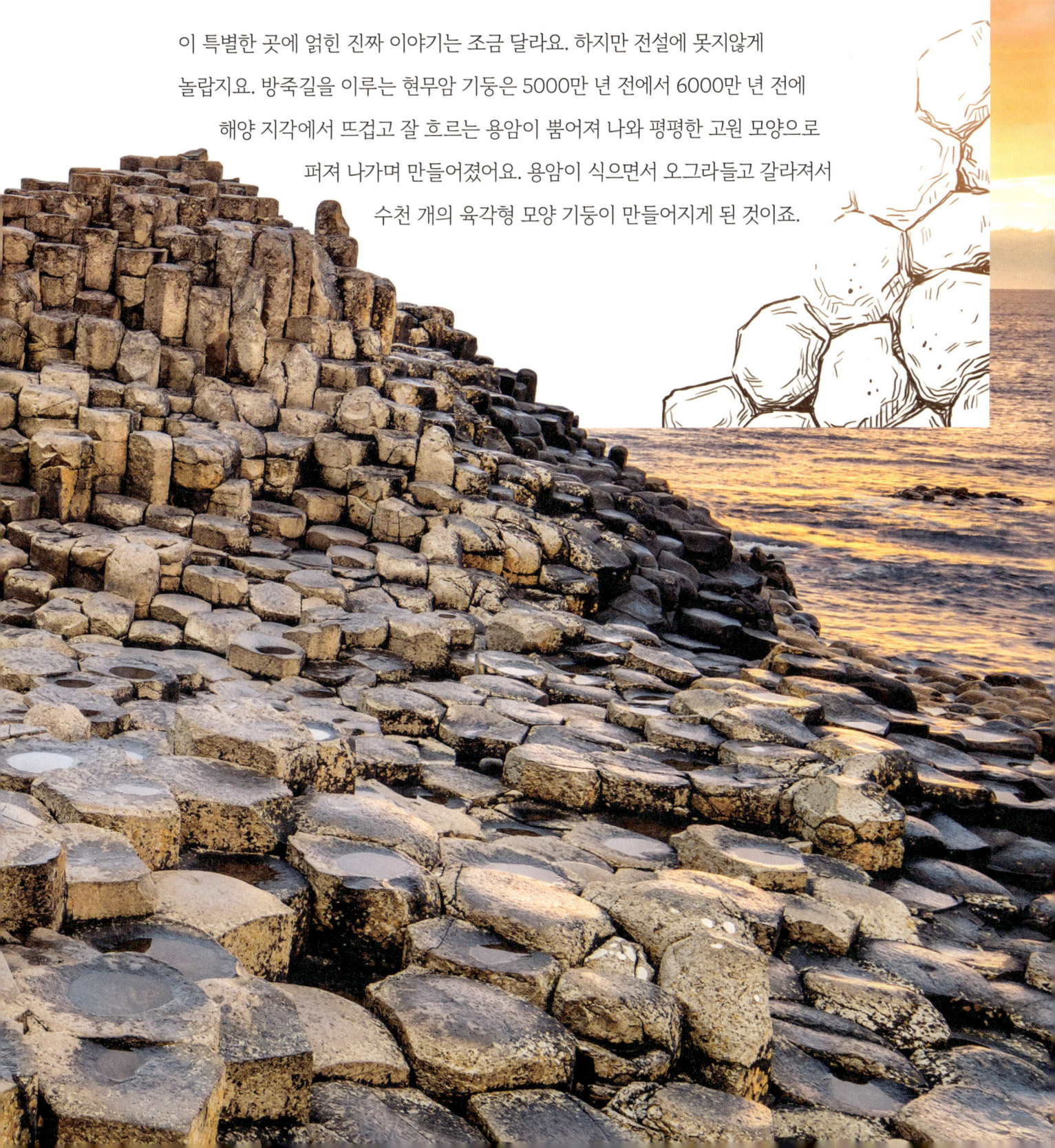

운석 구덩이

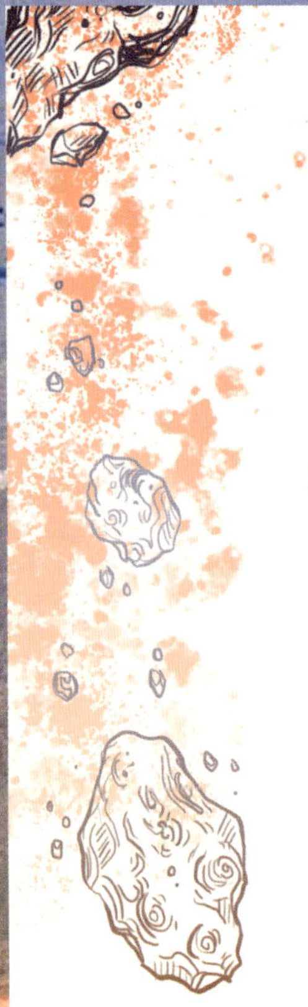

지구는 해마다 운석 수천 개와 부딪쳐요. 하지만 대부분은 바다에 떨어져서 찾을 수 없어요.

운석 조각이 약 5만 년 전에 운석 구덩이를 만들었어요. 이 구덩이는 너비 1,200미터에 깊이가 170미터예요.

유성은 밤하늘에 밝은 꼬리를 물고 떨어지는 별똥별이에요. 유성은 암석과 우주의 작은 파편들로 이루어져 있는데, 우주에서 지구의 대기로 들어오며 공기와 부딪쳐 불타 버린 것이지요. 유성이 지표에 떨어지면 운석이라 불러요. 우연히 운석이 땅으로 떨어지는 모습을 본다면 여러분은 운석이 '낙하'하는 것을 목격한 셈이에요. 사실 이런 일은 거의 일어나지 않아요. 지금까지 기록된 운석 낙하는 1,500건밖에 되지 않는답니다. 이미 떨어진 운석을 나중에 보게 된다면 운석을 '발견'했다고 말해요. 지금까지 운석을 발견한 경우는 6만 6000건이에요. 운석 사냥꾼들은 앞으로도 운석이 더 떨어지기를 기다리고 있답니다.

운석이 매우 크고 빠르게 떨어진다면, 지구와 충돌하며 구덩이를 만들 수 있어요. 가장 큰 운석 구덩이 중 하나는 미국 애리조나주의 메테오 크레이터예요. 이곳은 지질학자 대니얼 배링거의 이름을 따서 배링거 운석 구덩이라 부르기도 해요. 배링거는 운석이 충돌하여 이 구덩이가 생겼다는 것을 처음으로 밝혀냈답니다.

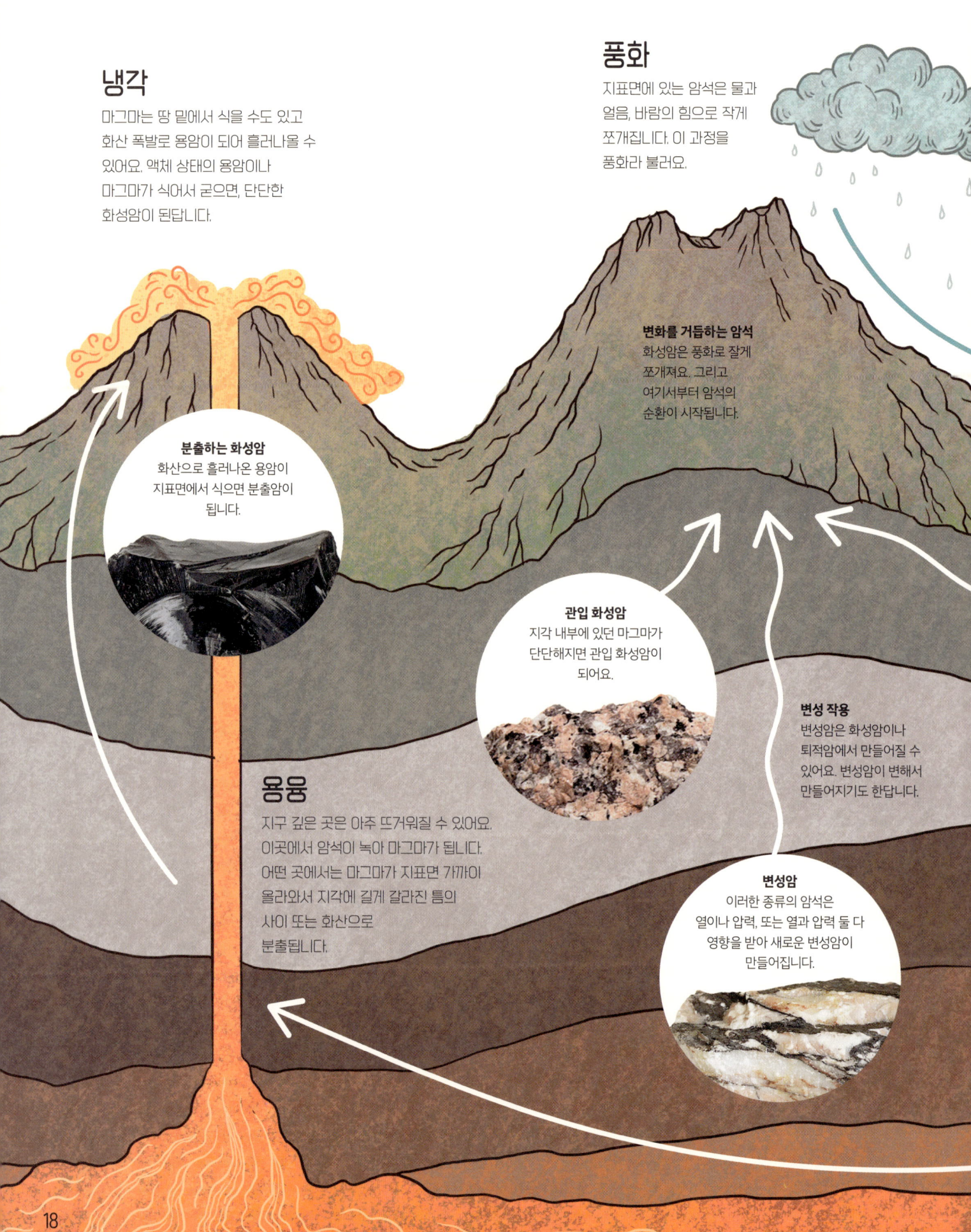

암석의 순환

지구는 끊임없이 암석을 만들고 암석의 색깔과 모양, 조직을 바꿔요. 우리는 이것을 암석의 순환이라 부릅니다. 지질학자들은 암석을 화성암, 퇴적암, 변성암 세 가지로 분류해요. 이 세 가지 암석은 암석의 순환 중 각기 다른 단계에서 발견되어요.

침식

암석과 암석 조각들은 더욱 잘게 조각나요. 이 과정을 침식이라 부릅니다. 잘게 부서진 파편들은 바다를 향해 아래로 운반됩니다.

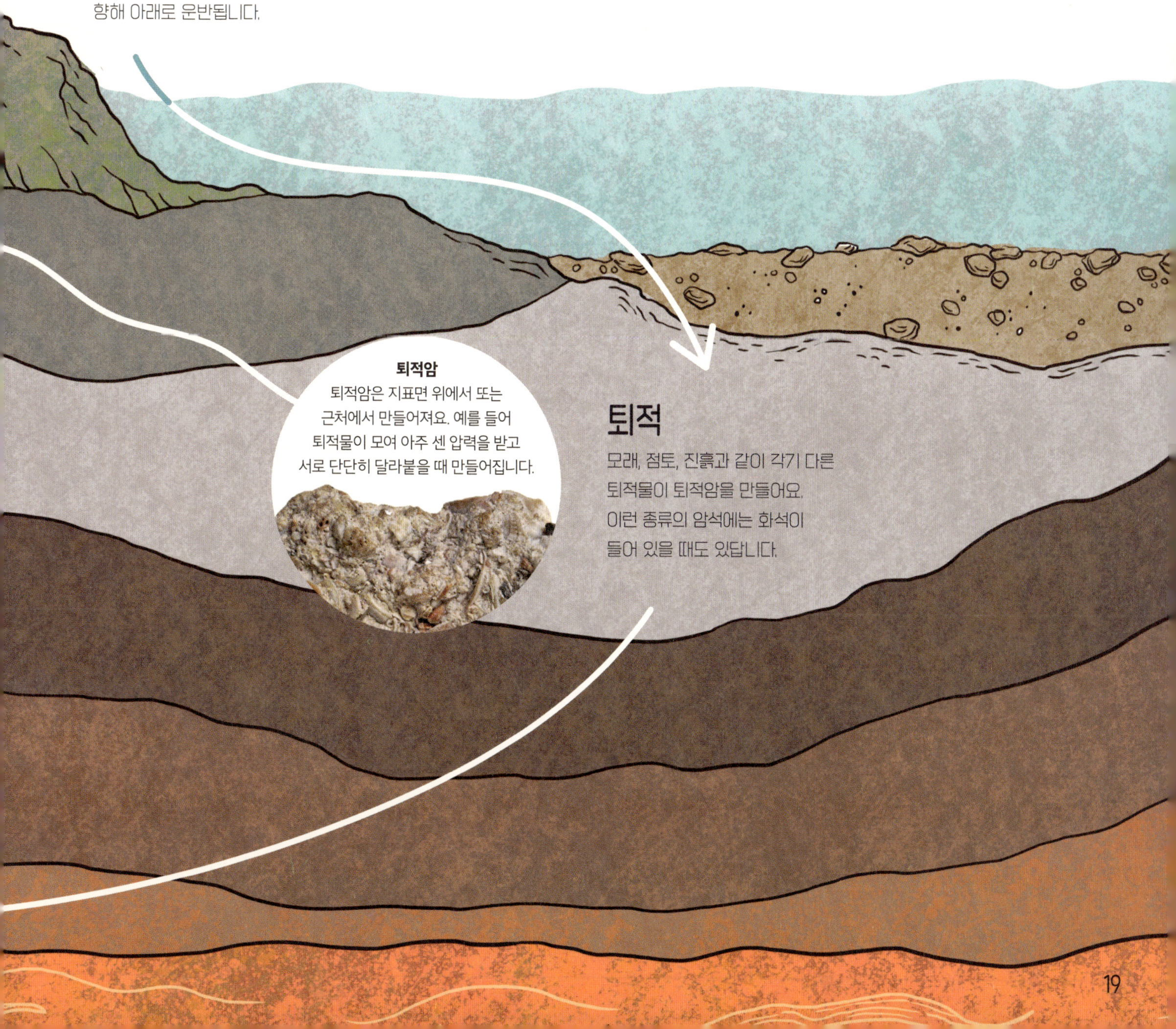

퇴적암

퇴적암은 지표면 위에서 또는 근처에서 만들어져요. 예를 들어 퇴적물이 모여 아주 센 압력을 받고 서로 단단히 달라붙을 때 만들어집니다.

퇴적

모래, 점토, 진흙과 같이 각기 다른 퇴적물이 퇴적암을 만들어요. 이런 종류의 암석에는 화석이 들어 있을 때도 있답니다.

악마의 탑은 아메리카 원주민들에게 신성한 곳이에요.
아메리카 원주민들은 이곳을 '곰의 천막'이라 부른답니다.

악마의 탑

미국 와이오밍주 블랙힐스 산지에 불쑥 솟아올라 범상치 않은 풍경을 자아내는 것이 있어요. 악마의 탑이라 불리는 거대한 화성암 덩어리인데, 4000만 년 전 화산 분출로 흘러나온 마그마가 식고 굳어서 생긴 것이랍니다. 원래는 암석이 땅속 깊은 곳에 있었는데, 수백만 년 동안 주변의 연한 퇴적암 지층이 깎여 나가며 단단한 화성암이 밖으로 드러난 거예요. 사진을 보면 나란히 갈라진 틈 수백 개가 암석 깊숙이 새겨진 모습이 보일 거예요. 악마의 탑은 거대한 육각형 기둥들로 이루어져서 이렇게 많은 틈들이 보이는 것이지요. 그 덕분에 북아메리카에서 가장 인기가 많은 등반 명소 중에 하나가 되었답니다.

악마의 탑은 알갱이가 작거나 없는 화산암으로 만들어졌어요.
여기에 세 가지 다른 종류의 화성암이 있어요.

화강암   부석   흑요석

와이오밍주 북서쪽에 있는 악마의 탑은 높이가 264미터이며, 정상은 평평하고 축구장과 크기가 비슷해요.

무지개산은 5500만 년도 더 전에
만들어졌어요.

무지개 암석

중국 북서쪽에 있는 무지개산은 이름도 참 잘 지었어요. 빨간색과 주황색, 노란색, 파란색, 보라색 빛깔을 띤 사암이 층층이 쌓여 만들어졌거든요. 각각의 사암층은 모래와 진흙, 점토 등이 한데 섞여 이루어져 있어요. 이런 모래와 진흙, 점토 등을 퇴적물이라 부릅니다. 그래서 층층이 쌓인 암석을 퇴적암이라 부르는 거예요.

퇴적암은 퇴적물이 바람과 물, 얼음을 타고 이동한 다음 건조한 땅이나 강과 호수, 바다 밑바닥에 가라앉아서 형성되어요. 퇴적층은 점차 층층이 쌓여 올라가고, 암석이 될 때까지 단단하게 다져집니다. 이렇게 해서 무지개산이 탄생한 거예요. 암석은 수백만 년 동안 비바람에 씻겨 내려갔고 암석에 있던 광물은 색이 변해서 화가의 팔레트처럼 다채로운 색상을 띠게 되었답니다.

강바닥에 가라앉은 퇴적물로 퇴적암이 만들어져요.

시간이 흐르며 퇴적물이 더 많이 쌓이고 암석층이 형성되어요.

지층이 쌓이며 암석이 압력을 받아 단단히 다져집니다.

중국 북서쪽에 있는 장예 단샤 국립 지질 공원의
무지개산은 철과 여러 광물이 들어 있어 알록달록해요.

화석

동물이 죽고 나서, 몸통이 점점 썩어 없어집니다.

뼈대는 지층 속에 묻혀요.

동물의 뼈대 모양이 암석 광물질로 바뀝니다.

수많은 시간이 흐른 후, 화석을 발굴해요.

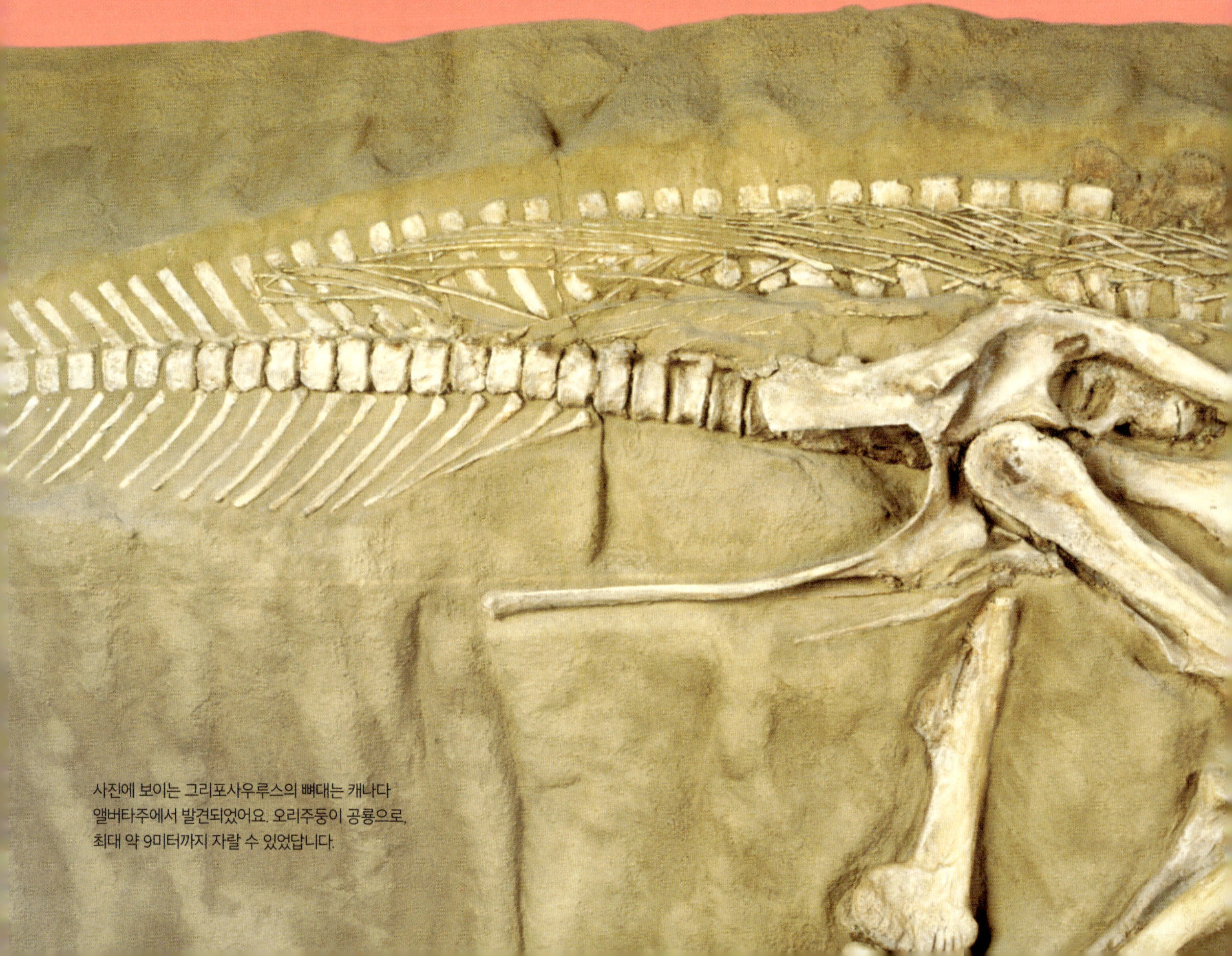

사진에 보이는 그리포사우루스의 뼈대는 캐나다 앨버타주에서 발견되었어요. 오리주둥이 공룡으로, 최대 약 9미터까지 자랄 수 있었답니다.

**화석은 영어로 '포실 fossil'이라고 하는데,
'파내다'라는 뜻의 라틴어 '포디오 fodio'에서 왔어요.**

땅속에 묻혀 있는 화석은 아주 오래전에 살았던 식물과 동물의 흔적이에요. 화석은 죽은 동물의 단단한 부분이 광물로 바뀌고 암석이 되며 만들어지지요. 화석 대부분은 수백만 년 되었으며 퇴적암에서 찾을 수 있어요.

여기에 화석이 된 뼈대는 공룡 그리포사우루스의 화석이에요. 고생물학자라 부르는 화석 전문가들이 뼈대를 한데 모았어요. 그 덕분에 우리는 공룡의 모습이 어땠는지 알 수 있어요. 하나 예로 들자면, 뼈를 모양대로 맞추었을 때 공룡의 꼬리가 땅 위로 쭉 뻗어 있었다는 것을 알 수 있어요.

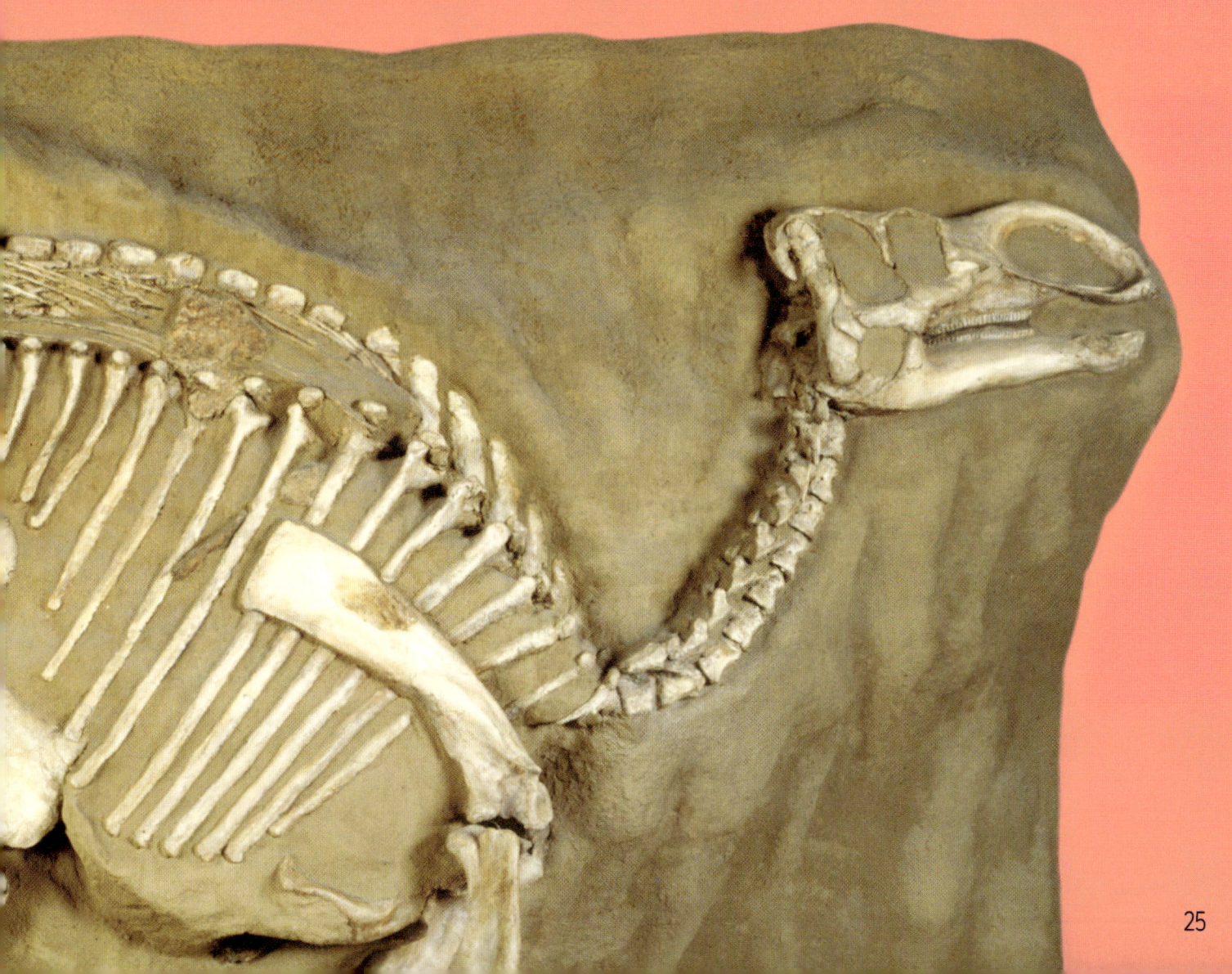

대리암은 영어로 '마블 marble'이라 하는데,
고대 그리스어로 '빛나는 돌'이라는 뜻이에요.

대리암

혼성암

편암

스카른

변성암은 줄무늬가 있는 것이 많아요. 쭉 늘어나거나 땅 밑에서 찌부러져서 그렇답니다.

황홀한 자태를 뽐내는 칠레의 대리암 동굴은 헤네랄 카레라 호숫가에 있어요. 암석이 수천 년에 걸쳐 바람과 물을 만나 녹은 뒤 모양이 만들어지며, 동굴과 터널, 기둥으로 이루어진 놀라운 미로가 탄생했지요.

대리암처럼 땅속의 열과 압력의 작용으로 성질이 변한 암석을 가리켜 변성암이라 불러요. 변성암은 영어로 '메타모픽 metamorphic'이라 하는데, 고대 그리스어로 '메타 meta'는 바꾸다, '모르프 morph'는 모양이라는 뜻이에요. 대리암은 석회암에서 만들어져요. 그리고 암석 안의 각기 다른 색을 띤 광물로 소용돌이 모양을 띠기도 하지요. 이러한 특유의 자연미 덕분에 대리암은 전 세계의 예술가들과 건축가들이 가장 좋아하는 재료가 되었답니다.

대리암이 푸른빛을 띠는 이유는 호수의 반짝이는 청록색 물에 반사되기 때문이에요.

금속

이 휘어진 은은 독일의 에르츠산맥에서 왔어요.

수천 년 동안 사람들은 지표면에 묻혀 있던 금과 은, 구리와 같은 다양한 금속을 발견하여 캐냈어요. 대개 금속은 광석이라는 암석 속에서 작은 조각으로 나와요. 금속에 열을 가하고, 녹이고, 서로 섞으면 성질이 더욱 강해져요. 이러한 혼합물을 합금이라고 합니다. 가장 처음 만든 합금은 구리와 주석을 섞어서 만들었는데, 이를 청동이라 불렀답니다.

금속 세공인들은 빛나는 금속을 망치로 두들겨서 접시와 포크, 수저류 등 집에서 쓰는 물건으로 만들었어요. 그리고 아름다운 장신구로도 만들었지요. 순수한 은은 너무나 섬세하고 약하기 때문에 구리와 섞어서 더 단단한 스털링 실버로 만들어요. 그런가 하면 금은 쉽게 녹슬지 않아요. 그리고 금 특유의 반질반질하고 윤기가 흐르는 성질 덕분에 매우 귀중하게 여겨진답니다.

이 금 조각은 호주 퀸즐랜드주에서 발견되었어요.

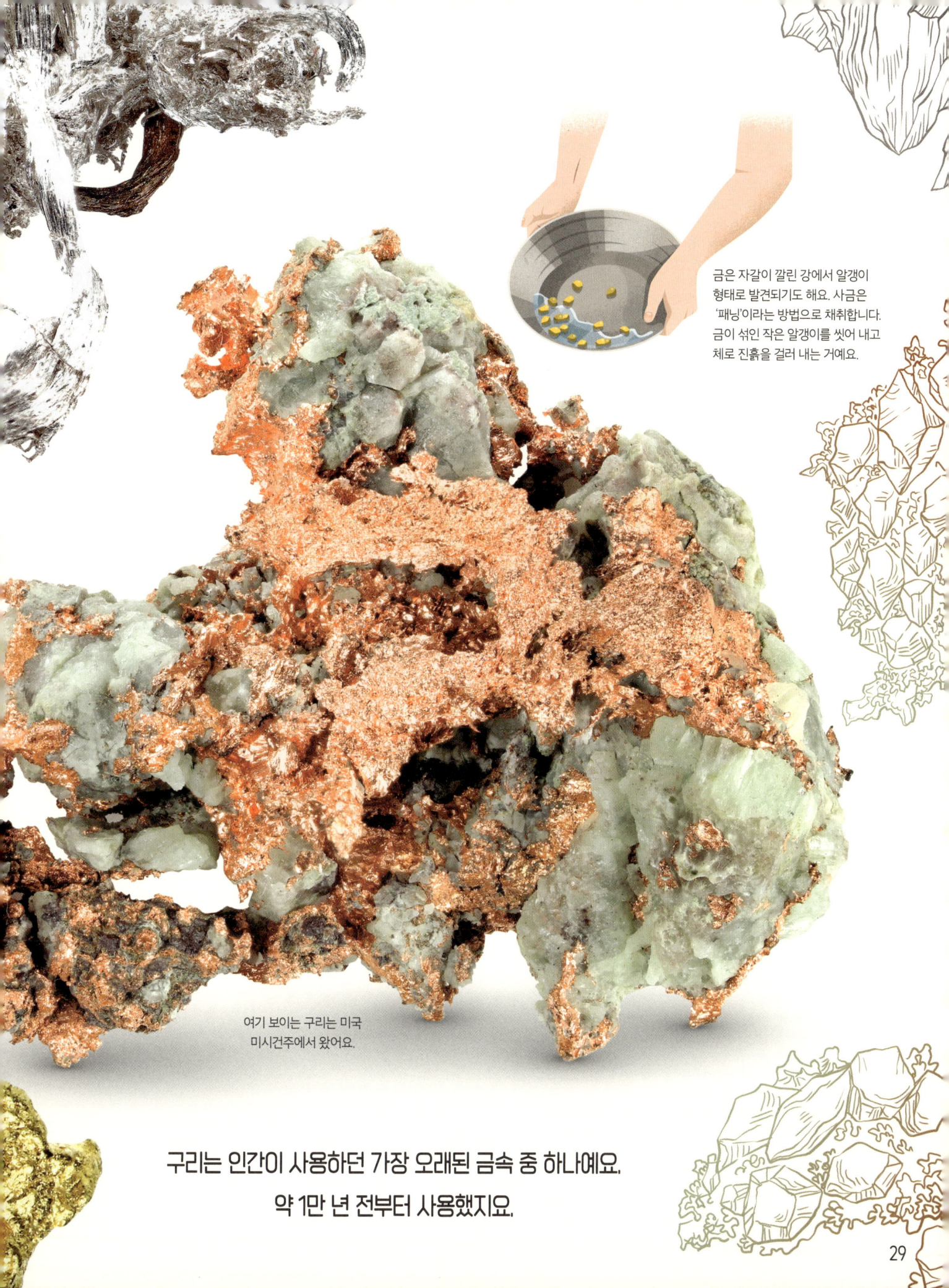

금은 자갈이 깔린 강에서 알갱이 형태로 발견되기도 해요. 사금은 '패닝'이라는 방법으로 채취합니다. 금이 섞인 작은 알갱이를 씻어 내고 체로 진흙을 걸러 내는 거예요.

여기 보이는 구리는 미국 미시건주에서 왔어요.

구리는 인간이 사용하던 가장 오래된 금속 중 하나예요.
약 1만 년 전부터 사용했지요.

탄소의 순환

탄소는 지구의 생명체가 살아가는 데 아주 중요해요. 그리고 지구 어디에서나 찾을 수 있지요. 우리 몸속뿐만 아니라 살아 있는 것에는 모두 탄소가 있답니다. 탄소는 화석 연료(석탄, 석유, 가스)와 특정 암석 등 무생물에서도 찾을 수 있어요. 지구상에서 일어나는 탄소의 움직임을 탄소의 순환이라 부릅니다.

비는 대기에 있는 탄소를 암석으로 옮겨 주어요.

흡수
나무와 식물은 대기 중에 있는 이산화 탄소를 흡수해요. 이 과정을 광합성이라 합니다. 식물이 광합성을 하는 덕분에 대기 중 이산화 탄소 농도가 낮아집니다.

죽은 식물과 동물은 부패하며 이산화 탄소를 배출해요.

저장
수백만 년 동안 탄소를 지니고 있던 죽은 식물과 동물은 땅속에 묻혀 석유와 석탄, 가스와 같은 화석 연료가 돼요.

지구에 있는 탄소 대부분은 탄산 칼슘 형태로 암석에 저장되어 있어요. 여기 보이는 석회암처럼.

탄산 칼슘은 사진의 사슴뿔산호처럼 산호에서 발견되기도 하고, 일부 조개껍데기에도 있어요.

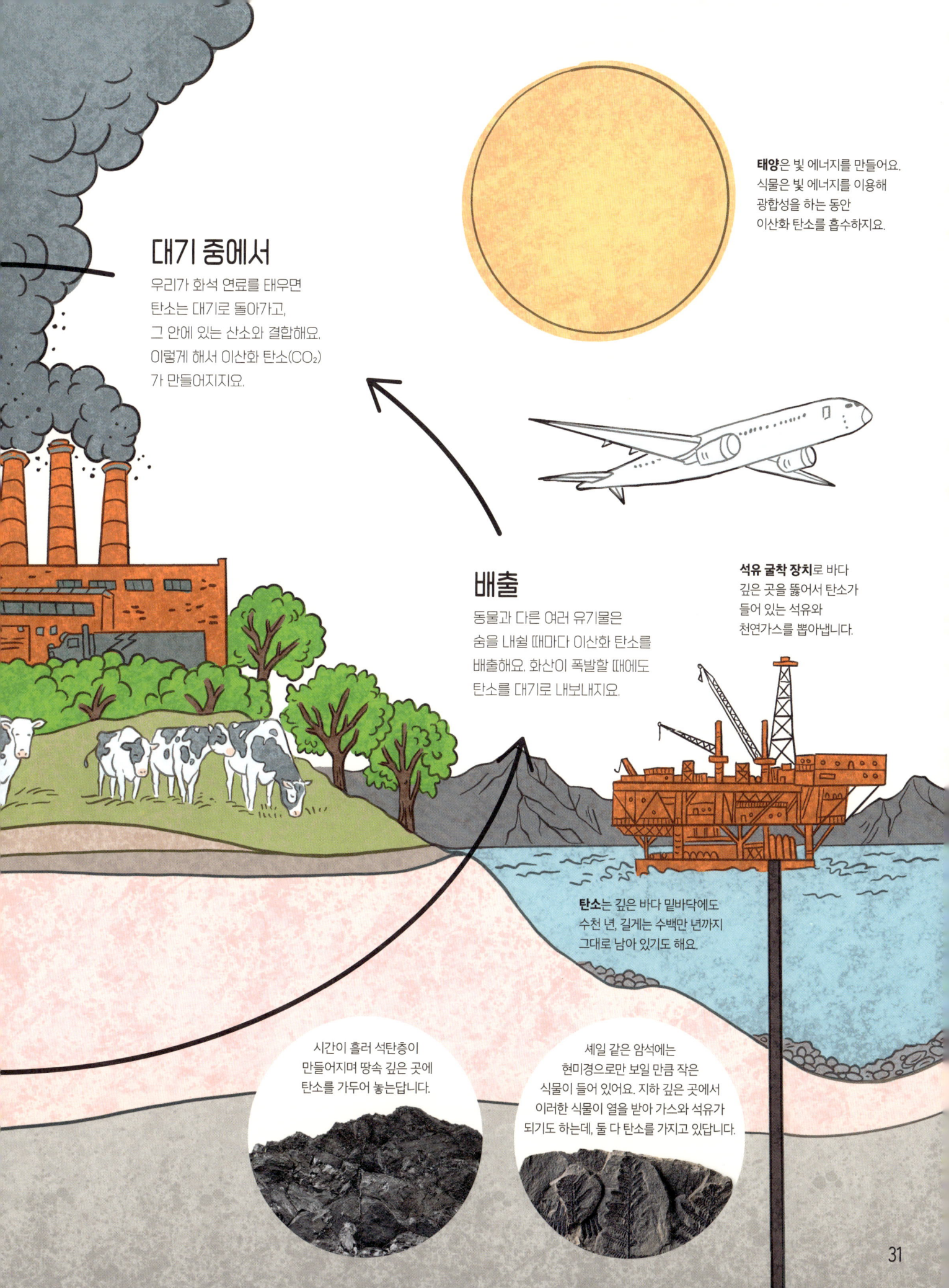

여기 어두운 보라색을 띤 자수정은 우루과이에서 왔어요.

자수정은 수백만 년 전에 화산암에서 만들어진 것이 많아요.

자수정

어떤 암석에는 기체로 이루어진 공간이 액체 성분으로 채워지면서 그 성분이 서서히 결정으로 변해요. 그중에 하나가 자수정이랍니다. 결정으로 채워진 공간을 정동이라 불러요.

여기 보이는 자수정처럼 광물의 결정을 보고 있노라면, 자연이 최선을 다해서 황홀한 볼거리를 만들어 냈다는 생각이 들 거예요. 결정은 평평하고 곧은 면의 형태로 만들어진 광물이에요.

자수정은 석영에 속하는 광물인데, 황수정과 연수정, 장미 석영과 같은 광물도 석영에 속해요. 자수정은 정동이라고 부르는 기체로 채워진 공간에서 커져요. 그 기체 공간은 액체 상태인 용암이 식어서 고체가 될 때 우연히 생겨난 것이지요. 기체 공간의 가장자리에서부터 안쪽으로 광물 결정이 조금씩 만들어지고 층을 이루면서 자수정이 계속 성장해요. 이렇게 광물 결정이 만들어지기까지 수천 년 또는 수백만 년까지 걸릴 수 있답니다.

다이아몬드

아름다우면서도 값비싼 다이아몬드는 겉으로는 약해 보이지만 사실 세상에서 가장 단단한 광물이에요. '다이아몬드 diamond'라는 말은 고대 그리스어로 '파괴할 수 없다'라는 뜻이랍니다. 그리고 다이아몬드를 부수는 것은 정말로 불가능에 가까워요.

다이아몬드는 모스 경도계로 측정한 척도에서 10점 만점을 받았어요. 또 다른 다이아몬드가 아닌 한, 그 어떤 광물로 흠집도 낼 수 없다는 뜻이지요. 하지만 다이아몬드는 다른 모든 광물에 흠집을 낼 수 있어요. 모스 척도가 7.5에서 8 정도 되는 에메랄드와 9인 루비와 사파이어도 긁을 수 있어요. 다이아몬드는 자르고 세공하여 보석으로 만들기도 해요. 다이아몬드 절단기로 면이라고 부르는 여러 평평한 부분을 절단하고 다듬어서 보석용 다이아몬드로 만드는 것이지요. 각 면의 크기와 모양은 다이아몬드가 반짝반짝 빛나도록 아주 섬세한 작업을 거쳐 다듬어진답니다.

세공하지 않은 다이아몬드

다이아몬드는 엄청나게 단단해요.
그 덕분에 돌과 금속을 자르는
강력한 도구로 쓸 수 있답니다.

에메랄드

루비

사파이어

세공한 다이아몬드

육지

우리가 걸어 다니는 땅은 육지의 표면, 즉 지표면일 뿐이에요. 훨씬 더 많은 일이 우리가 보지 않는 곳에서 일어나고 있지요. 하지만 그것은 우리 눈에 보이는 지표면을 변하게 합니다. 땅속 깊은 곳에서 액체 상태의 마그마가 움직이다가 화산에서 용암으로 분출해요. 화산 활동을 통해 밖으로 나온 용암은 새로운 섬을 만들고, 육지의 모양을 바꿉니다. 그리고 용암이 바다로 흘러들어 가면 해안선을 새로 만들지요. 땅속에서는 지진이 일어나 육지가 움직이고 쪼개져요. 그리고 지표면의 균열은 건물을 쓰러뜨리고 길과 다리를 망가뜨릴 수 있어요. 산사태가 일어나 아래로 다 쓸어버릴 수 있고, 쌓여 있던 눈이 산의 경사면에서 점점 떨어져 내려와 눈사태를 일으키기도 해요. 지하수가 뜨거운 암석이나 마그마로부터 열을 받으면 물의 온도가 높아지고 수증기가 됩니다. 그러면 간헐천이나 온천이 되어 땅을 뚫고 밖으로 내뿜어져요. 육지는 바람과 물, 얼음으로 씻기고 깎이면서 이상하고도 신비한 암석 모양을 만들어 내지요. 해안을 따라 지구는 바닷물에 부딪히고 절벽은 점점 깎이기 때문에 해안선의 모양은 끊임없이 바뀌어요.

2015년 거대한 지진이 일어나 에베레스트산의 높이가 2.5센티미터 정도 줄었어요.

(맨 위 왼쪽부터 시계 방향으로) 미국 캘리포니아주 샌안드레이어스 단층, 미국 하와이 킬라우에아 화산 분출, 폭풍우를 맞고 있는 영국 웨일스의 등대, 호주 태즈메이니아의 페인티드 절벽.

지구는 북아메리카, 태평양, 남아메리카, 아프리카, 유라시아, 인도-오스트레일리아(호주)(아래 그림에는 따로따로 나와요), 남극, 이렇게 7개의 거대한 판으로 이루어져 있어요.

북아메리카판

후안데푸카판

모든 지질 구조판은 판의 경계에서 만나요.

태평양판

지구의 판

지질 구조판은 지구의 지각을 조각조각 짜 맞추는 직소 퍼즐이에요. 각각의 판은 계속 움직이며 지구의 표면을 바꾸지요. 과학자들은 변화하는 판을 연구하여 대륙과 바다, 산, 화산, 그리고 지구의 다양한 모습이 어떻게 생기게 되었는지 연구합니다.

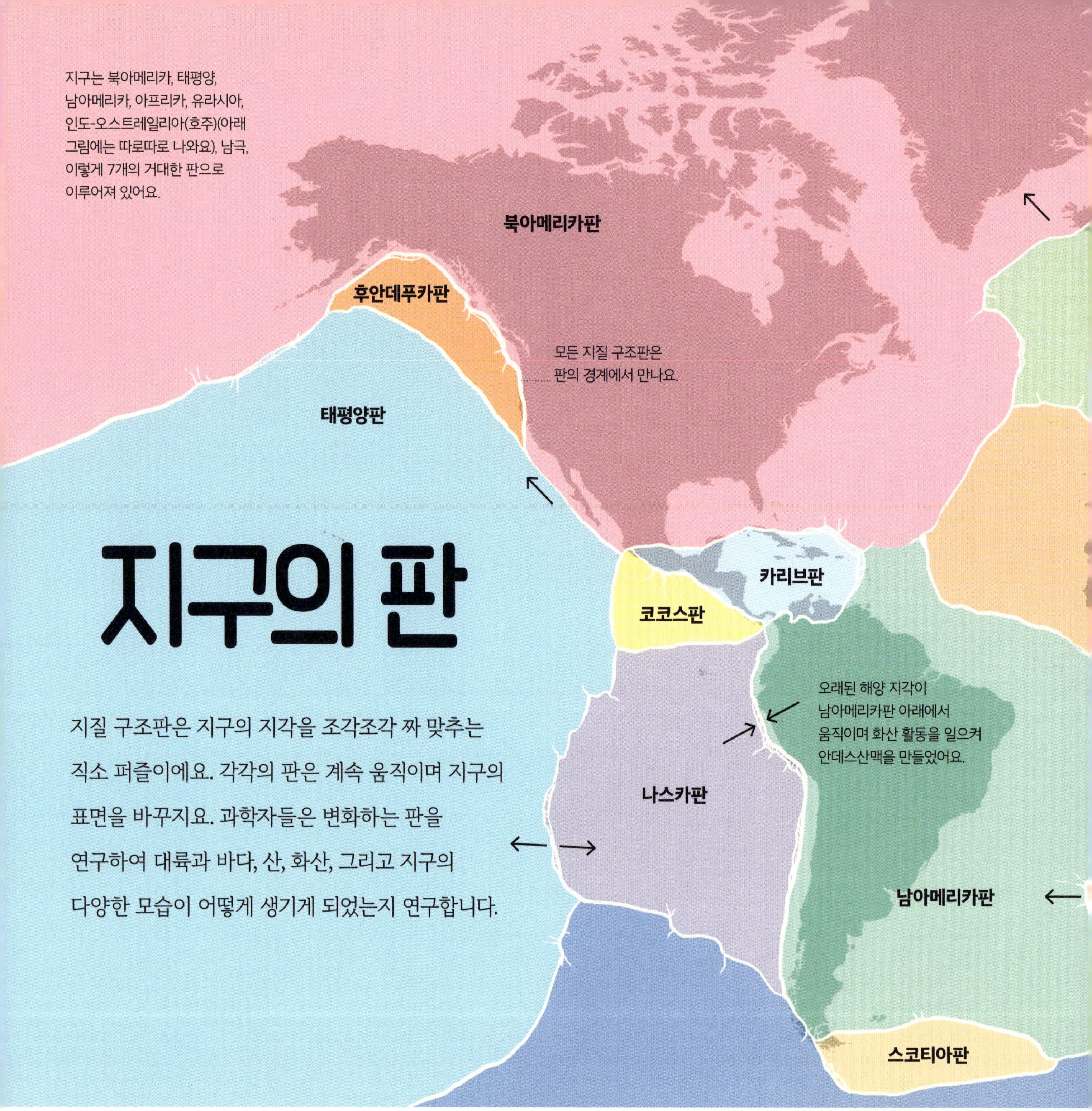

카리브판

코코스판

오래된 해양 지각이 남아메리카판 아래에서 움직이며 화산 활동을 일으켜 안데스산맥을 만들었어요.

나스카판

남아메리카판

스코티아판

판의 역사

오늘날 우리가 보는 판은 언제나 지금과 같은 모습으로 있는 건 아니었어요. 각각의 판은 1년에 2-15센티미터씩 서로 다른 속도로 움직여요.

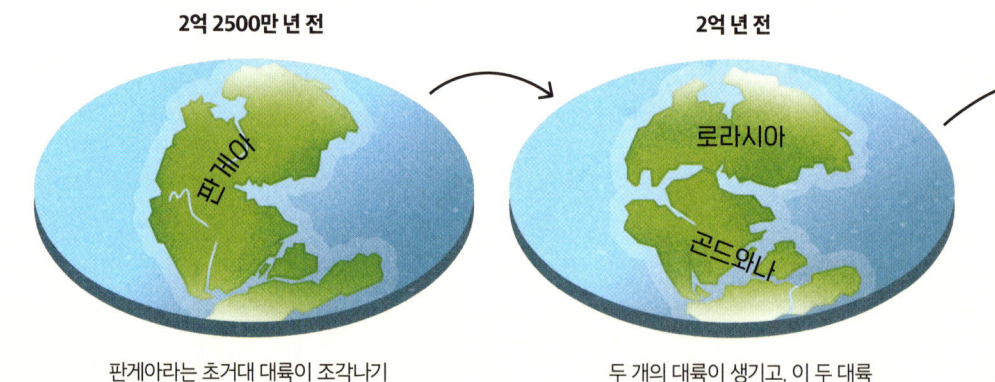

2억 2500만 년 전

판게아라는 초거대 대륙이 조각나기 시작했어요.

2억 년 전

두 개의 대륙이 생기고, 이 두 대륙 역시 쪼개지기 시작했어요.

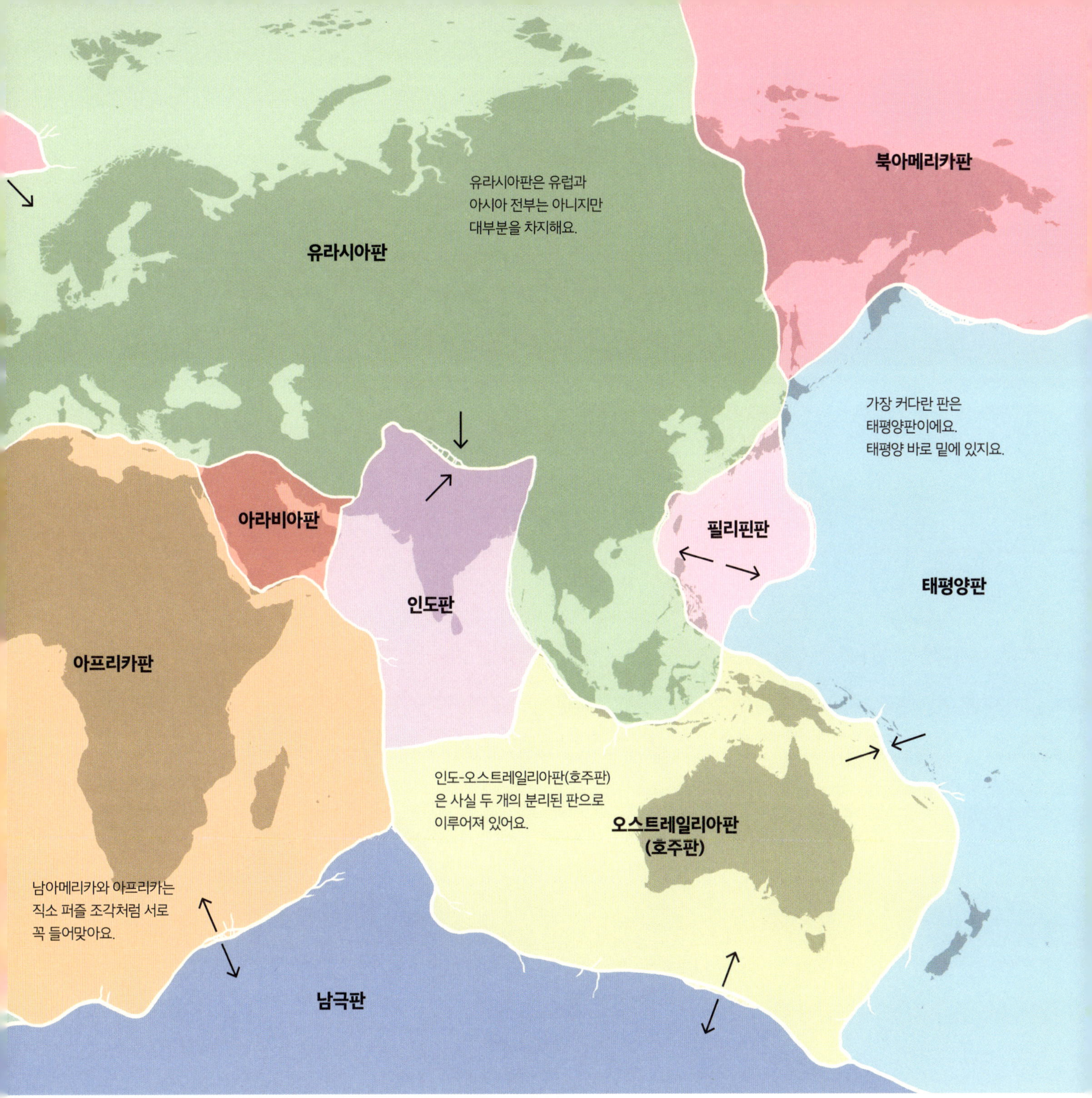

북아메리카판

유라시아판은 유럽과 아시아 전부는 아니지만 대부분을 차지해요.

유라시아판

가장 커다란 판은 태평양판이에요. 태평양 바로 밑에 있지요.

아라비아판

인도판

필리핀판

태평양판

아프리카판

인도-오스트레일리아판(호주판)은 사실 두 개의 분리된 판으로 이루어져 있어요.

오스트레일리아판 (호주판)

남아메리카와 아프리카는 직소 퍼즐 조각처럼 서로 꼭 들어맞아요.

남극판

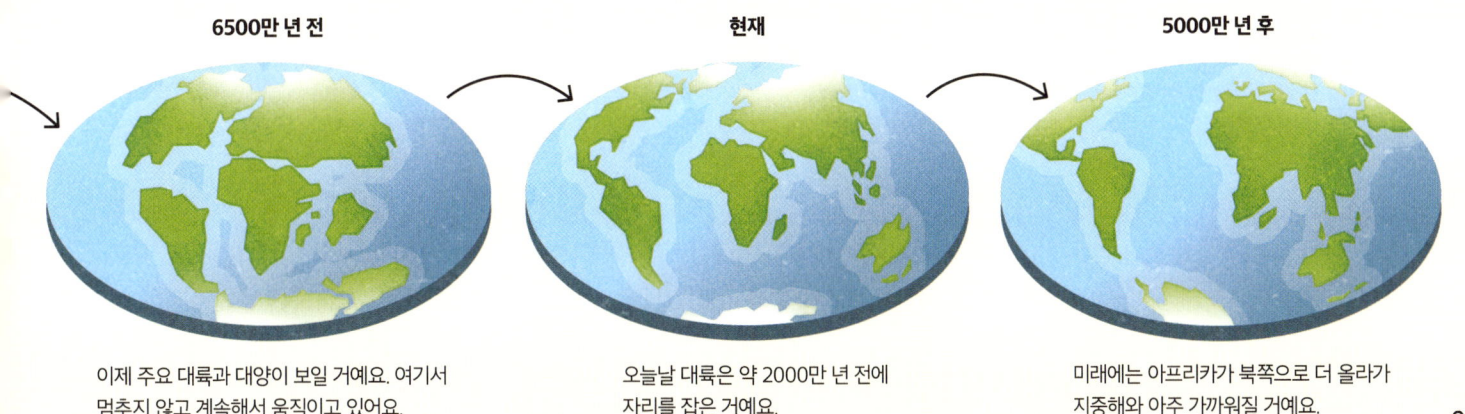

6500만 년 전

이제 주요 대륙과 대양이 보일 거예요. 여기서 멈추지 않고 계속해서 움직이고 있어요.

현재

오늘날 대륙은 약 2000만 년 전에 자리를 잡은 거예요.

5000만 년 후

미래에는 아프리카가 북쪽으로 더 올라가 지중해와 아주 가까워질 거예요.

39

두 개의 판 사이에

'얼음과 불의 땅'이라고 알려진 아이슬란드는 빙하와 활화산, 천연 온천, 폭포, 계곡 등이 어우러진 곳이에요. 아이슬란드가 이렇게 뛰어난 경치를 지니게 된 이유는 그곳이 지구상 특이한 위치에 있기 때문이랍니다.

아이슬란드는 대서양 한가운데, 북아메리카판과 유라시아판이 만나는 곳에 위치해요. 이 두 개의 판 사이에는 대서양 중앙 해령이 있어요. 대서양 가운데로 흘러들어 가는 중앙 해령의 일부로, 세계에서 가장 기다란 산맥을 형성하지요. 해령은 대부분 물속에 있지만, 때로 육지로 표면에 드러나기도 해요. 수백만 년 전, 물속에서 화산이 폭발하면서 액체 상태의 뜨거운 마그마가 뿜어져 나와 아이슬란드와 같은 섬을 만들었답니다.

두 개의 판은 1년에 2.5센티미터씩 서로 떨어지고 있어요.

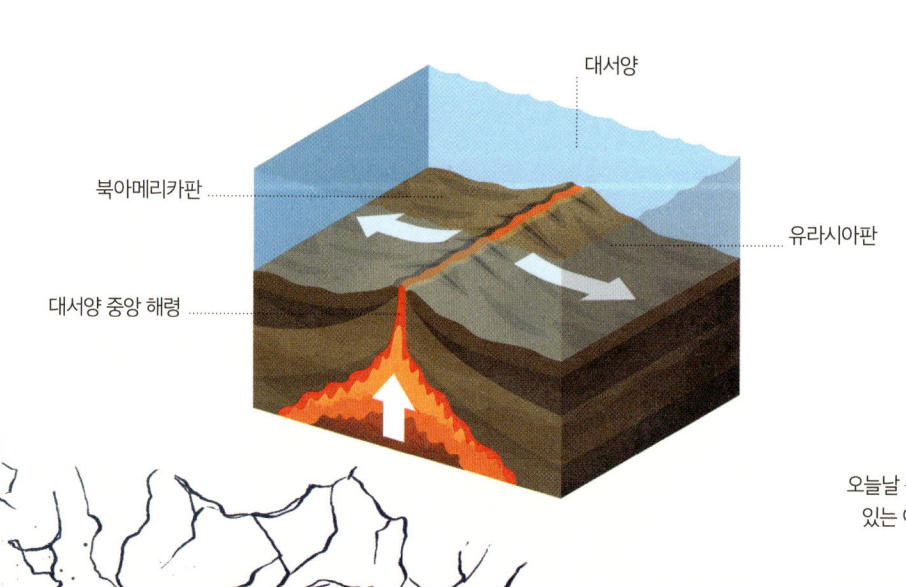

오늘날 북아메리카판과 유라시아판 사이에 있는 아이슬란드의 알만나이야우 열곡의 일부는 바닷물로 덮여 있어요.

두 개의 판 사이에 놓여 있는 샌안드레이어스 단층은 미국에 어마어마한 지진을 일으킵니다.

단층선

태평양판과 북아메리카판은 미국 캘리포니아에 있는 판의 경계를 따라 서로 미끄러지며 지나가요.

판이 움직이면서 수백만 년 동안 자주, 그리고 때로는 강력하게 지진이 일어났어요.

해마다 전 세계에서는 지진이 50만 번 정도 일어나요. 하지만 보통 너무 깊은 곳에서 일어나거나 우리가 느끼지 못할 정도로 약하게 일어나지요. 대부분의 지진은 판의 경계 또는 단층선에서 일어나요. 이곳은 두 개의 판이 서로 지나가는 곳이에요. 움직이고 있는 판의 끄트머리가 서로 부딪혀 옴짝달싹하지 못할 때, 압력이 점점 커집니다. 마침내 압력이 너무 커지면 판이 요동치고 무시무시한 지진이 일어나요.

우주에서 보면 미국 캘리포니아주에 있는 샌안드레이어스 단층은 육지에 남은 흉터처럼 보이지만, 땅속 깊은 곳에서는 계속 움직이고 있어요. 1906년에는 단층이 샌프란시스코에 어마어마한 지진을 일으켜 도시를 파괴하고 3,000명이 넘는 사람들의 목숨을 앗아가고 말았어요.

샌안드레이어스 단층은 캘리포니아주를 가로질러 1,200킬로미터가량 뻗어 있어요.

솟아오르는 산

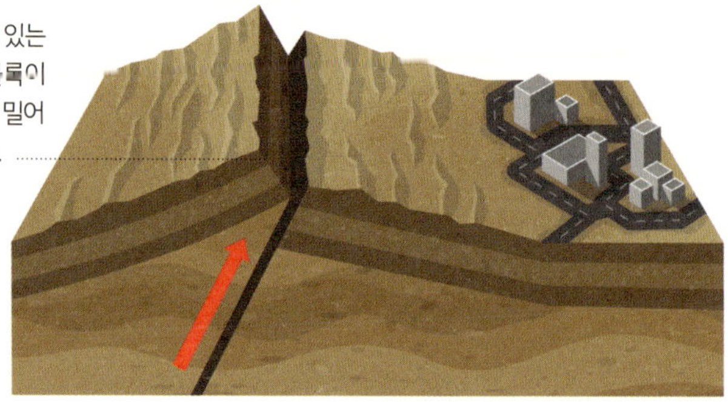

지각에 있는 단층 블록이 서로를 밀어 올려요.

휘트니산은 시에라네바다산맥에서 가장 큰 산이에요. 높이가 해발 4,418미터랍니다.

시에라네바다산맥은 1년에 약 1밀리미터씩 솟아오른답니다.

산은 한곳에 가만히 멈추어 있지 않아요. 아주, 매우 느리게 움직이지요. 수백만 년 동안 육지가 휘고 함께 움직이며 산도 밀려서 위로 올라갔어요. 이러한 현상은 지각판이라 불리는 지각의 가장자리에서 일어날 수 있어요.

미국 캘리포니아주에 있는 시에라네바다산맥은 단층 블록으로 이루어진 산맥이에요. 즉, 육지 한 덩어리가 다른 덩어리를 밀어 올렸고, 밀려 올라간 육지가 산이 되었다는 말이지요. 대규모 단층 블록은 대부분 500만-1000만 년 전에 형성되었어요. 그리고 그 후로도 계속 산을 만드는 중이죠.

지각이 구부러지고 휘어질 때 산이 만들어집니다.

습곡 산맥

육지의 약 20퍼센트는 산악 지형이에요.

지각은 수백만 년이 넘도록 끊임없이 움직이기 때문에 산이 만들어질 수 있어요. 산의 가장 흔한 형태는 습곡 산맥이에요. 지각판이 만나는 곳에는 판들이 서로 부딪히고 짓눌려서 바위에 습곡을 만들어요. 습곡은 주먹만 한 바위에만 영향을 줄 정도로 작은 경우도 있지만, 엄청나게 크게 일어나서 산맥 하나를 통째로 만들 수도 있어요. 아시아의 히말라야산맥처럼요. 무늬도 다양해요. 어떤 습곡은 'S' 자를 만드는가 하면, 다른 습곡은 옆으로 지그재그 모양을 만들기도 해요.

히말라야산맥만큼 거대하지는 않지만 그리스에 있는 크레타섬의 석회암 절벽도 퍽 신기해요. 왼쪽 사진을 보면 암석의 층이 'V' 자 모양으로 접혀 있어요. 습곡은 일직선이었다가 경첩 지역이라 부르는 한 지점에서 급격히 구부러져요.

여기 크레타섬에 있는 석회암 절벽에는 'V' 자 모양의 습곡을 볼 수 있어요.

어떤 이들은 소금 산의 여신이
좋은 에너지를 나누어 주고 치유를
도와준다고 믿어요.

암염 돔

암염이 암석층 사이를
뚫고 올라가 암염 돔이
만들어져요.

소금 산의 여신은 페르시아만의
호르무즈섬에 있어요.

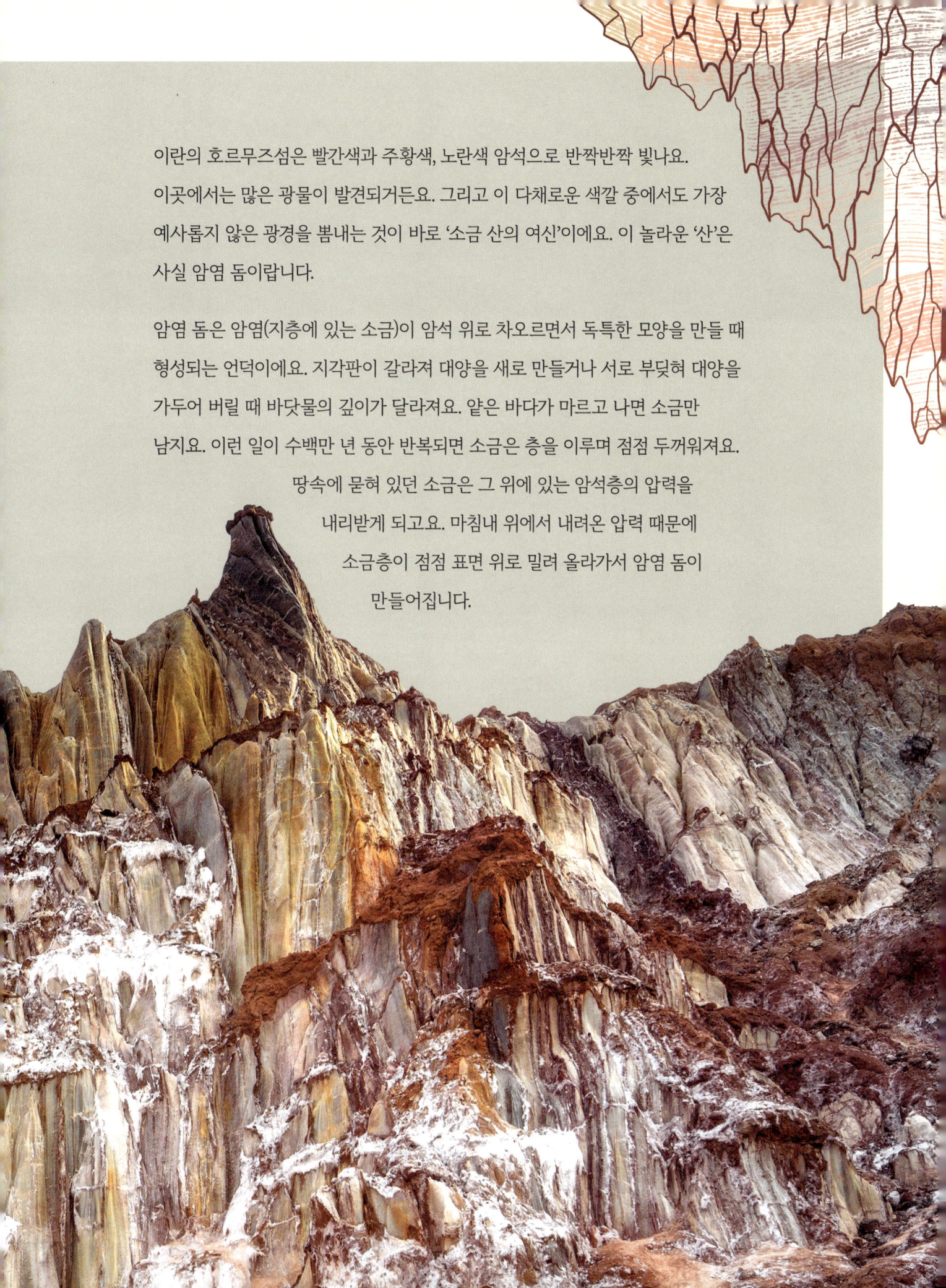

이란의 호르무즈섬은 빨간색과 주황색, 노란색 암석으로 반짝반짝 빛나요. 이곳에서는 많은 광물이 발견되거든요. 그리고 이 다채로운 색깔 중에서도 가장 예사롭지 않은 광경을 뽐내는 것이 바로 '소금 산의 여신'이에요. 이 놀라운 '산'은 사실 암염 돔이랍니다.

암염 돔은 암염(지층에 있는 소금)이 암석 위로 차오르면서 독특한 모양을 만들 때 형성되는 언덕이에요. 지각판이 갈라져 대양을 새로 만들거나 서로 부딪혀 대양을 가두어 버릴 때 바닷물의 깊이가 달라져요. 얕은 바다가 마르고 나면 소금만 남지요. 이런 일이 수백만 년 동안 반복되면 소금은 층을 이루며 점점 두꺼워져요. 땅속에 묻혀 있던 소금은 그 위에 있는 암석층의 압력을 내리받게 되고요. 마침내 위에서 내려온 압력 때문에 소금층이 점점 표면 위로 밀려 올라가서 암염 돔이 만들어집니다.

크라카타우의 아이

아낙 크라카타우처럼 폭발력이 강한 화산에는 짙고 끈적끈적한 용암과 가파른 비탈이 있어요. 용암과 화산재가 층층이 쌓인 이러한 화산을 가리켜 성층 화산이라 부릅니다.

용암이 솟아올라요.

1883년, 인도네시아의 크라카타우 화산이 폭발했을 때, 바다 건너 호주까지 들릴 정도로 엄청난 굉음이 일어났어요. 역사상 가장 무시무시한 화산 폭발 중 하나였습니다. 재앙이나 다름없던 사건이 벌어진 후, 모두 사라지고 거대한 칼데라만 남았어요. 여기에서 작고 새로운 화산이 나타났습니다. '크라카타우의 아이'라는 뜻의 아낙 크라카타우였어요. 2018년에는 아낙 크라카타우가 폭발하여 강력한 쓰나미를 일으켰고, 머나먼 육지까지 거대한 파도가 밀어닥쳤어요. 아낙 크라카타우는 활화산으로 지금도 활동하고 있습니다.

2018년 아낙 크라카타우가 폭발했을 때 쓰나미가 일어나 5미터가 넘는 파도를 일으켰어요.

아낙 크라카타우는 크라카타우 칼데라에서 만들어진 작은 화산이에요.

화산재 구름

화산탄은
64밀리미터보다 커요.

화산 자갈은 크기가
2-64밀리미터 정도예요.

화산 먼지는
2밀리미터보다 작아요.

화산이 무섭게 폭발할 때, 화산재 구름이 터져 나와 대기를 완전히 엉망진창으로 만들어 버려요. 태양을 막을 수도 있고, 공기에서는 냄새가 나요. 그리고 비행기를 타고 여행할 수도 없게 만들지요. 화산재가 항공기 엔진으로 들어가면 추락할 수도 있어요. 2010년에 에이야퍄들라이외퀴들이라고 하는 아이슬란드의 화산이 터졌을 때 실제로 이런 일이 일어나서 비행기 수천 대의 운항이 취소되고 말았어요.

화산재 구름은 잘게 부서진 암석 조각으로 이루어져 있어요. 화산이 폭발하면 용암과 화산재뿐만 아니라 다양한 크기의 암석이 터져 나와요. 이러한 것들을 화산쇄설물이라 하는데, 크기에 따라 각기 다른 이름으로 불려요. 화산탄은 럭비공과 같은 모양의 단단한 마그마로 만들어져요. 다른 종류로는 화산 자갈이라 불리는 작고 동그란 조각이 있고, 화산 먼지는 안에 날카로운 유리 조각이 있어서 맞으면 따끔해요.

화산재 구름은 최고 40킬로미터 상공까지 솟아오를 수 있어요.

과테말라에 있는 산타마리아 화산은 1922년부터 활발히 활동하고 있어요. 2023년 2월 말 화산재 구름이 정상에서 700미터 위까지 올라갔답니다.

극도로 뜨거운 파호이호이 용암의 온도는
섭씨 600도가 넘는답니다.

파호이호이 용암

용암이 흘러서 식고
암석으로 단단해지려면
오랜 시간이 걸려요.

화산에서 흘러나오는 시뻘겋고 뜨거운 용암을 파호이호이라 부르는데, 하와이어로 '소용돌이치다', '현기증 나다'라는 뜻이라고 해요. '파-호-이-호-이'를 큰소리로 말해 보면 아마 현기증이 날걸요. 파호이호이를 가리키는 다른 말로는, 그만큼 재미는 없지만 로피 용암이 있어요.

파호이호이 용암의 표면은 매끄러운 것도 있고, 코끼리 피부처럼 주름진 것도 있어요. 용암이 흐르는 속도는 꽤 느려요. 아마 여러분이 걷는 속도가 더 빠를걸요. 용암은 마치 치약을 짜내는 것처럼 지각에서 꾸물꾸물 흘러나와요. 용암이 더 낮은 온도로 내려가면 용암의 표면부터 시작해 더 깊은 곳까지 검고 단단해져요. 그리고 이렇게 해서 새끼줄 모양으로 주름진 모습이 되는 거랍니다. 내부의 뜨거운 용암이 더 차갑고 단단한 바깥 부분의 용암 껍질이 구겨질 정도로 밀어 올리는 거예요. 뜨겁게 불타오르는 용암이 식는 데는 시간이 오래 걸려요. 너무 뜨거워서 여기에 달걀을 삶아도 될 정도랍니다.

파호이호이 용암은 새끼줄처럼
생긴 신기한 무늬를 만들어요.

아아 용암

태평양의 하와이섬에 있는 다섯 개 화산 중 하나인 킬라우에아산에서는 몹시 뜨겁게 녹은 암석이 쏟아져 나와요. 아아 용암은 밝은 주황색 흐름을 보이며 빠르게 흘러내려 갑니다. 용암의 속도는 매우 빨라서 시속 50킬로미터를 넘나들 때도 있어요. 이는 자동차가 달리는 평균 속도이며 여러분이 달리는 속도보다 훨씬 더 빠른 것이랍니다.

'아아'라는 말은 하와이어로 '거칠고 단단한 용암'이라는 뜻이에요. 이런 이름이 붙은 이유는 용암이 식으면서 날카롭고 두툼한 암석이 되기 때문이지요. 용암은 식으면서 검은 현무암 덩어리가 되고, 흘러내려 가는 동안 산산조각이 나요. 암석은 단단하면서도 날카로워져서 그 위로 걷기 힘들 정도예요.

킬라우에아산은 하와이의 다섯 화산 중 가장 활발하게 활동해요.

밝은 주황색 아아 용암이 하와이의 킬라우에아 화산에서 나와 흐르고 있어요. 아아 용암은 100킬로미터가 넘는 거리까지 흐를 수 있습니다.

산성 물웅덩이

댈롤 온천은 알록달록하고 화려해서 눈이 즐거울 수는 있지만, 속으면 안 돼요. 에티오피아의 화산 평원에 자리 잡은 이 온천은 매우 위험해요. 이곳의 물은 뜨거우면서도 산성이 강하기 때문에 화상을 입을 수 있습니다.

지각 바로 아래에 마그마라 부르는 아주 뜨겁게 녹은 암석이 스펀지를 적시듯 전 세계에 열을 내뿜어요. 비와 바닷물이 지각의 갈라진 틈 사이를 뚫고 지하로 스며들면 아래에 있는 마그마의 열을 받아 데워져요. 이렇게 해서 유황과 탄산칼륨, 철 등 광물이 풍부한 온천이 만들어지고, 지표면 위로 솟아올라 밖으로 흘러내려요. 어떤 광물은 물속에 녹아 산성이 강한 밝고 푸른 웅덩이를 만든답니다.

댈롤 온천의 최고 온도는 섭씨 100도에 이릅니다.

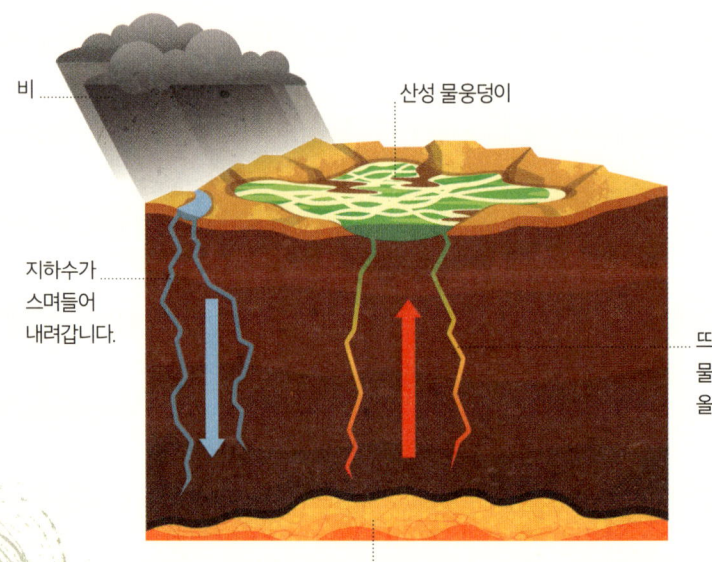

뜨겁게 데워진 물은 태양열을 받아 증발하기도 해요.
그러면 테라스라 불리는 계단식 벽이 남습니다.

스트로퀴르 간헐천은 아이슬란드의 회이카달뤼르 계곡에 있어요. 이곳은 간헐천으로 유명한 곳이며, 진흙 웅덩이와 분기공 등 지열을 받아 생긴 여러 지형도 볼 수 있어요.

간헐천의 물은 끓는 물보다 세 배 더 뜨거운 경우도 있어요.

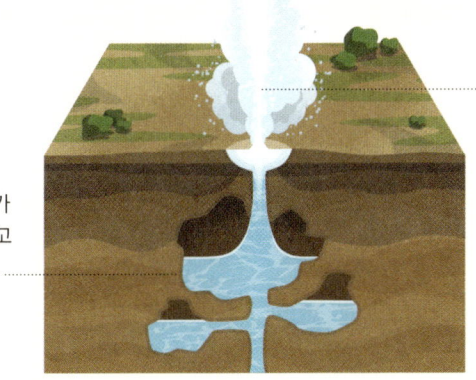

뜨거운 마그마가 지하수를 데우고 압력이 커져요.

결국 뜨거운 물과 수증기가 빠른 속도로 올라와서 공중으로 터져 올라요.

간헐천

아이슬란드의 스트로퀴르 간헐천에서는 물이 솟구치는 모습을 보려고 오래 기다릴 필요가 없어요. 6분에서 10분마다 간헐천이 터지거든요. 보통 15-20미터 정도 공중으로 물을 뿜어내요. 그보다 두 배 더 높이 솟아오를 때도 있고요. 그래도 너무 가까이 가지는 마세요. 부글부글 끓어오르는 물이 쏟아져 나오는 데다 엄청나게 뜨거운 수증기도 발산하니까요.

물은 지하 깊은 곳에서 흐를 때 뜨거운 마그마의 열을 받아 데워져요. 마그마가 암석을 달구고, 열을 받은 암석은 압력이 아주 커질 때까지 물을 데워요. 극심한 압력을 받고 뜨거워진 물은 폭발하고 간헐천이 되어 위로 솟구칩니다.

보초섬

이름에서 알 수 있듯이, 보초섬은 근처 해안을 지켜 주는 역할을 해요. 이곳의 섬들은 파도의 작용으로 만들어졌답니다. 파도가 반복해서 퇴적물을 남기고, 이렇게 쌓이고 쌓인 퇴적물이 육지가 되는 거예요.

섬

섬은 물에 둘러싸인 육지입니다. 대륙보다는 작지요. 호수나 강 위로 삐죽 올라온 암석 형태부터 바다와 대양에 쭉 늘어서 있는 육지까지 다양해요. 섬은 다양한 방식으로 만들어지는데, 여기에 가장 대표적인 종류 몇 개를 소개할게요.

미국 **노스캐롤라이나주**에는 해안선을 따라 보초섬이 20개가량 있어요. 보초섬은 육지가 파도의 피해를 입지 않도록 막아 준답니다.

조석섬

조석섬은 조석 현상에 따라 만들어져요. 보통은 육지와 연결되어 있다가, 만조 때에 해수면이 높아지면 중간에 바닷물에 끊겨 섬이 되는 것이지요.

간조 때에는 프랑스 노르망디에 있는 몽생미셸까지 걸어갈 수 있어요. 만조가 되면 바다에 둘러싸인 섬이 되지요.

미국 **하와이**는 다섯 개의 화산이 만든 제도예요. 그중 가장 큰 화산은 마우나로아 화산이에요.

화산섬

화산 폭발은 바닷속에서도 많이 일어나요. 어떤 화산 폭발은 너무나 커서 섬을 만들기도 한답니다! 하와이는 화산 활동으로 용암이 너무 많이 분출되어 만들어진 섬이에요. 지금 하와이의 높이는 바다 밑바닥에서부터 9,700미터나 된답니다.

육지섬

큰 섬은 대부분 육지섬이에요. 육지섬은 대륙에서 떨어져 나와 만들어졌지요. 해수면이 높아지거나 지각판이 움직여서 생겼을 가능성이 높아요. 그중 한 예로, 마다가스카르섬은 원래 인도 아대륙의 일부였지만 지금은 아프리카 해안 멀찍이 떨어져 섬이 되었답니다.

마다가스카르의 기후와 생태계는 아프리카 다른 곳과는 달라요. 그리고 이곳에서만 볼 수 있는 독특한 야생 동물이 산답니다.

마다가스카르섬이 생긴 과정

1억 7000만 년 전
마다가스카르가 섬이 되기 오래전에는 하나의 거대한 대륙이 있었어요. 바로 판게아였죠. 판게아는 보다 더 작은 육지로 조각나기 시작했어요.

1억 3500만 년 전
마다가스카르는 나중에 인도 아대륙이 되는 대륙의 가장자리에 있었어요.

8800만 년 전
마다가스카르가 인도 아대륙에서 떨어지고 아프리카로 이동하기 시작했어요.

산호섬

산호는 딱딱한 뼈대를 가진 바다 생물이에요. 뼈대의 파편이 산호초 위에 겹겹이 쌓이며 산호섬이 되었지요. 산호섬은 보통 열대 지역에서 찾아 볼 수 있으며, 야자나무가 풍성한 모래사장이 있어요.

인도양에 있는 **몰디브섬**은 산호섬이 줄줄이 엮인 형태예요.

하와이에 있는 마우나케아 화산은 바다 밑바닥을 기준으로 쟀을 때 높이가 9,760미터로, 지구에서 가장 높은 산이에요.

바닷속에 있는 화산이 폭발할 때, 용암이 굳어 고깔 모양으로 층층이 쌓여요. 그러다 마침내 섬이 되어 수면 밖으로 솟아오른답니다.

화산섬

화산은 판의 경계에서 만들어져요. 판이 움직여 서로 멀어질 때 지구의 맨틀에 있는 녹은 암석이 지각을 뚫고 나올 때 화산이 폭발하지요. 화산 폭발은 바다에서도 일어날 수 있어요. 화산이 해저에서 폭발하여 해수면에 닿으면 섬이 만들어지기도 해요.

아조레스 제도는 대서양에 있는 화산섬들이에요. 이 섬들은 북아메리카판, 유라시아판, 아프리카판, 이렇게 세 개의 판이 만나는 곳에 있어요. 약 800만 년 전, 용암이 엄청나게 높이 솟구쳐 올라 해수면에 닿았고 섬이 만들어지기 시작했어요. 그 증거로 아조레스 제도에 있는 상미겔섬에는 화산 분화구 호수가 있지요. 화산 분화구 호수는 해수면에 있는 화산의 분화구 안에 물이 들어 있는 것인데, 아주 오래전 바닷속에 있던 화산에서 만들어졌어요. 여기 사진을 보면 자연이 만든 동그란 수영장이 보여요. 사계절 내내 수영을 즐길 수 있을 정도로 따듯하답니다.

이 화산 분화구 호수는 대서양 상미겔섬 근처에 있는 빌라프랑카 두캄푸섬의 일부예요.

시스택

파도가 무른 암석을 세게 쳐요. / 침식이 튀어 내려가기 시작합니다. / 시간이 흐르며 둥근 아치가 만들어져요. / 아치가 무너지며 기둥만 남아요.

열두 사도 바위는 높이가 최대 50미터에 이르러요.

우리 지구의 해안선은 매번 같은 모양으로 있지 않아요. 끊임없이 파도에 부딪히고 비를 맞으며, 그리고 얼음에 조금씩 암석이 깎여 나가요. 이를 가리켜 침식이라 부릅니다. 바닷가에 몰아치는 폭풍우는 힘이 어마어마하게 세서 커다란 바위를 들어 올리기도 하고, 절벽을 마구 강타하기도 해요. 오랜 시간에 걸쳐 해안선의 모양이 바뀌고 동굴과 아치 모양으로 둥그런 구멍이 만들어져요. 그리고 둥그런 구멍의 윗부분이 완전히 무너지면 암석 기둥만 남지요. 이것을 '바다 sea'에 '쌓인 것 stack' 이라고 해서 '시스택 sea stack' 또는 촛대바위라 부른답니다.

남극해에서 강력하게 밀려들어 오는 파도는 남호주 해안선에 독특한 모양의 시스택을 여럿 만들었는데, 이를 열두 사도 바위라 불러요. 이름을 보면 바위가 열두 개 같지만, 지금은 남아 있는 것은 여덟 개밖에 없어요. 파도가 계속해서 해변을 때리고 있으니까 아마 미래에는 촛대바위가 더 생길지도 모르지요.

호주 빅토리아주의 포트캠벨 국립 공원에 있는 열두 사도 바위는 무른 석회암으로 이루어진 촛대바위 무리예요.

다양한 모양의 돌

지구의 자연 환경은 끊임없이 변화해요. 폭풍우 또는 홍수와 만나 빠르게 바뀌기도 하고, 몇 백만 년에 걸쳐 천천히 변하기도 하지요. 그래서 시간을 거슬러 여행할 수 있다면, 산이 어떻게 조금씩 깎여 내려갔는지, 암석이 날씨의 영향을 받아 어떻게 잘게 조각나고 바람에 실려 날아가 버렸는지 알 수 있을 거예요.

바람은 그 자체로 큰 피해를 입히지 않아요. 하지만 먼지나 모래 알갱이를 총알처럼 움직이게 하지요. 이렇게 먼지를 품은 바람은 바위를 치고 닳아 없애요. 미국 애리조나주의 모래사막인 앤털로프캐니언은 놀랍도록 멋진 모양을 자랑하는데, 바람과 물이 바위를 깎아 만든 것이랍니다. 여기에 보면, 모래와 돌을 실은 물줄기가 수백만 년에 걸쳐 빠르게 흐르며 부드러운 사암을 뚫고 조금씩 천연 통로를 조각했어요.

앤털로프캐니언은 미국 남서부에 사는 나바호인들에게 신성한 장소예요.

캐니언은 가파른 경사가 있는 건조하고 좁은 지역을 말해요. 이곳은 짧은 시간 안에 홍수가 일어날 수 있어요.

호주에 있는 시드니 사암은
약 2억 3500만 년 전에 만들어졌어요.

벌집 풍화

바닷물이 바위 위에 흩뿌려져요.

시간이 흐를수록 소금 결정이 팽창하며 바위에 작은 구멍을 남겨요.

암석이 물과 바람, 얼음의 힘으로 닳아 없어지고 쪼개지는 것을 풍화라고 해요. 풍화에 의해 생길 수 있는 가장 특이한 모양 중 하나가 벌집 풍화예요. 사진을 보면 벌이 벌집을 만든 것 같은 모양의 수많은 작은 구멍이 보여요.

벌집 풍화는 바다나 사막 또는 북극에서도 볼 수 있어요. 일반적으로 짠 바닷물과 바람으로 만들어지지요. 바람이 불면 암석에 붙은 소금물이 증발해요. 그러면 시간이 흐르면서 바닷물에 들어 있던 소금이 소금 결정으로 되지요. 결정이 점점 커지면 암석을 밀어내고 조금씩 부수어 작은 구멍을 만들어요. 그리고 구멍의 크기가 조금씩 커지지요.

호주 시드니 근처 부디 국립 공원의 푸티 해변에 있는 벌집 모양 사암이에요.

도버에 있는 백악질 절벽은 영국 남쪽 해안을 따라
13킬로미터나 뻗어 있어요.

백악질 절벽

여기에 있는 화석은 하얀 석회암에서 많이 볼 수 있어요.

이매패 조개

성게류

암모나이트

절벽은 해안을 따라 바위와 바다가 만나는 곳에 있어요. 바닷가 또는 바다 밖에서 절벽을 돌아보면 암석에 층이 있는 것을 알 수 있어요. 층을 보면 절벽이 어떻게 만들어졌는지 알 수 있지요.

도버의 백악질 절벽은 영국 남쪽 해안을 따라 놀라운 절경을 만들어요. 게다가 나름 독특한 이야깃거리가 있답니다. 절벽의 색깔이 하얀 이유는 하얀 연질 석회암으로 이루어졌기 때문이에요. 부드러운 석회암은 수많은 작은 바다 생물 뼈와 조개껍데기가 수백만 년 동안 부서져서 만들어졌어요. 철썩이는 파도를 끊임없이 맞은 절벽은 쉽게 부서져 떨어지고, 간혹 암석에 박혀 있었던 아주 오래된 화석이 나올 때도 있어요. 신기하게도 이곳의 절벽은 언제까지나 물 위에만 있던 것은 아니었어요. 사실 한때 바다 밑바닥에 있었답니다! 6600만-1억 년 전, 해수면의 높이가 낮아지며 이 희고 연한 석회암이 바다 위로 올라와 하늘 위로 솟은 절벽이 만들어진 거예요.

맑은 날에는 도버 해협 반대편 32킬로미터 떨어진 프랑스 해안에서도 도버의 백악질 절벽을 볼 수 있어요.

산사태는 시속 55킬로미터가 넘을 만큼 빠르게 일어날 수 있어요.

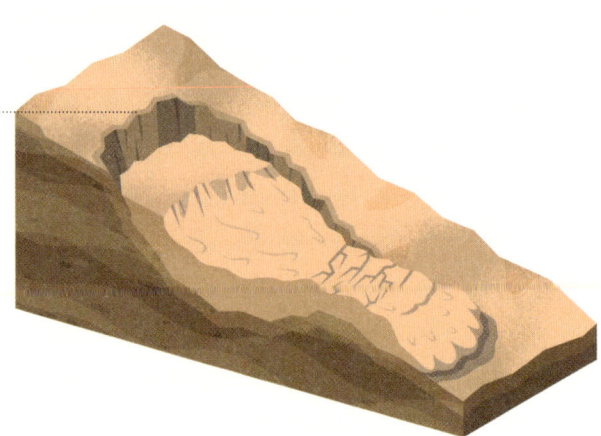

산사태는 보통 가파른 언덕에서 시작되어요.

산사태

우리 발아래에 있는 땅은 대개 단단한 암석 또는 흙이지만, 간혹 움직이기도 해요. 가파른 경사 위에 있는 흙이 푸석푸석해져서 원래 있던 곳에서 미끄러지다가 어마어마한 위력을 뿜어내며 아래로 쏟아지지요. 이것을 산사태라고 해요.

산사태는 지진으로 땅이 요동치고 난 뒤에 발생할 수도 있어요. 하지만 꼭 지진 때문에 일어나는 것은 아니에요. 전 세계의 열대 지역에서는 땅이 비를 맞아 축축해지면 경사를 타고 내려가기 쉬워져요. 나무가 있으면 산사태를 막을 수 있어요. 뿌리로 물을 빨아들여 땅을 단단하게 하고 흙이 내려가지 못하도록 묶어 주기 때문이에요. 그러니 당연하게도 산사태는 나무가 잘려 나가거나 산불로 불타 없어진 곳에서 특히 자주 일어난답니다. 이런 곳에 있는 흙은 흘러내려 가기 쉽고, 어마어마한 파괴력을 지닌 채 아래로 굴러떨어지고 말아요.

오스트리아 포어아를베르크에 있는 산비탈에 흙과 나무 모두 미끄러져 내려간 모습이 보여요.

눈사태

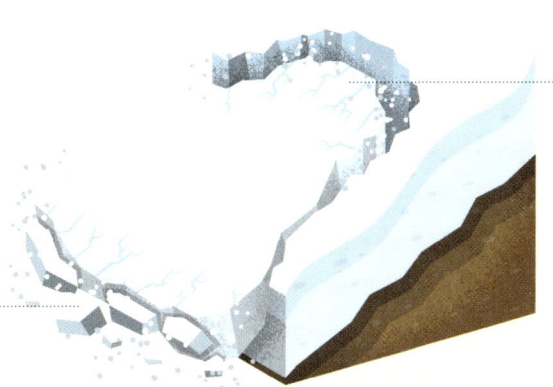

눈사태는 눈이 불안정하게 쌓여 있다 무너질 때 일어나요.

눈사태가 일어나면 떨어지는 도중에 눈과 얼음을 모으기 때문에 힘이 점점 더 커져요.

스키를 타는 사람이 내는 진동은 눈사태를 일으킬 정도로 위력적일 수 있어요.

어마어마한 눈과 얼음이 갑자기 산비탈에서 큰소리를 내며 굴러떨어지는 것을 눈사태라 불러요. 눈사태는 아주, 매우 위험합니다. 눈이 내려오는 속도는 시속 320킬로미터에 이를 정도로 엄청나게 빨라요. 눈덩이는 가파른 산비탈을 타고 밀려 내려오며 주위에 있는 바위와 나무는 물론 만나는 것을 몽땅 쓸어버려요. 눈사태가 만드는 두껍고 하얀 눈덩이는 너비가 1킬로미터에 이르기도 하며, 마을 전체를 집어삼킬 수도 있습니다.

눈사태는 눈이 너무 많이 내리거나, 빙하가 녹아서, 바람이 많이 불거나 지진 때문에 일어날 수 있어요. 사람이나 동물이 산비탈을 돌아다닐 때 또는 큰소리 때문에 일어날 수도 있답니다. 1916년 제1차 세계 대전 당시, 총을 쏘는 소리가 이탈리아 알프스산맥에 눈사태를 일으킨 적이 있어요. 이때 일어난 눈사태로 군사 수천 명이 목숨을 잃고 말았습니다.

눈사태가 아시아 히말라야산맥에 있는 로체산의 가파른 경사에서 일어나는 모습이에요.

물

지구가 처음 생겨났을 때에는 물이 없었어요. 표면에는 그저 뜨겁게 녹은 용암밖에 없었지요. 생명이라고는 아무 것도 없었어요. 수많은 시간이 지나서야 지구의 온도가 낮아지고 물이 만들어졌답니다. 비가 와서 바다를 채웠어요. 그리고 해저에서 분출된 화산 가스에 포함된 염소와, 육지에서 흘러온 물에 포함된 나트륨이 합쳐져 지금과 같은 짠 바닷물이 만들어졌어요. 육지에 내린 빗물은 강과 호수라는 민물이 되었지요.

오늘날에는 가파른 언덕 위에서 빠르게 내려오는 강물이 암석을 반들반들 닳게 만들고 폭포와 급류를 만들어요. 가파르지 않은 육지라면 물이 넓게 퍼져 나가 범람할 수도 있지요. 바다에서는 파도와 소용돌이, 폭풍우가 세게 몰아쳐요. 파도 아래 저 깊은 곳, 해저에서는 퇴적물이 켜켜이 쌓이고 분출구에서 뜨거운 산성 물질이 뿜어 나오는 곳도 있어요. 극지방 얼음 바다처럼 엄청나게 차가운 바닷물도 있고요. 그리고 빙하에서는 빙산이 떨어져 나와요. 얼음물과 빙하에 쌓인 눈은 계곡을 도려내어 깊은 피오르를 만들고 이곳에 바닷물을 채웁니다.

민물이 없다면 지구에 식물이나 동물은 살 수 없을 거예요. 우리도 살아남지 못할 테고요. 육지에서나 깊은 바닷속에서나 이 놀라울 정도로 다양한 생명체가 살아갈 수 없을 거예요.

지구 표면의 약 70퍼센트는 바다로 덮여 있어요.

(맨 위에서 시계 방향으로) 이집트 홍해의 알록달록한 산호초, 서호주의 거대 파도, 러시아 크림반도의 사시크시바시 붉은 소금 호수, 미국 알래스카주의 망상 하천.

물의 순환

우리가 살기 위해서는 물이 필요해요. 물이 없다면 식물도, 동물도 모두 살아남을 수 없어요. 지구의 기온은 물을 담아 두기에 적당해요. 수백만 년 동안 물은 바다와 대기, 육지 사이를 이동해 왔어요. 이를 가리켜 물의 순환이라고 해요.

태양이 바다 표면의 **물을 가열**해요.

바람이 불면 구름이 육지로 이동해요.

구름이 만들어져요

따뜻해진 물이 수증기가 되어 대기로 올라가면, 높은 곳에서 더 차가운 공기를 만나 온도가 내려가요. 온도가 어느 정도 내려가면 수증기가 서로 뭉쳐 물방울로 응결하고 구름을 만든답니다.

식물에서 수분이 나와요

식물은 뿌리로 물을 빨아들이고 나서 수증기 형태로 대기 중으로 내보내요. 이 과정을 증산 작용이라 부릅니다. 그 덕분에 대기에 습도가 높아져서 구름이 더 많아져요.

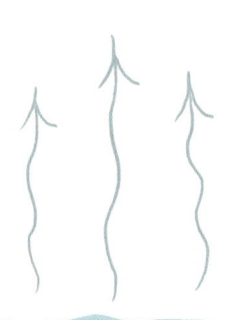

바닷물이 증발해요

시간이 흐르며 해수면의 온도가 올라가면 물이 증발하기 시작해요. 수증기가 되어 대기로 올라가는 것이지요.

물이 순환하는 과정에서 물의 상태가 바뀌어요. 고체 상태일 때도 있고, 액체 상태가 되는가 하면, 기체 상태로 바뀌기도 하지요.

커다란 **먹구름**은 너무 두꺼워서 어두운 회색으로 보여요. 그리고 햇빛을 가리고 말지요.

비가 내려요

수증기를 포함한 구름이 두꺼워지면, 마침내 구름에서 비가 내려요. 날씨가 추울 때에는 눈이나 우박이 되어 내리지요.

강이 바다로 흘러가요.

표층수

물은 아래로 흘러 개울이나 강과 만나요. 그리고 마지막으로 바다로 흘러갑니다. 어떤 물은 땅속에 스며들어 식물에 흡수되거나 암석 틈을 통해 땅속으로 흘러 바다로 들어가요.

망상 하천은 새와 물고기, 식물이 매우 다양하게
번식할 수 있는 완벽한 보금자리랍니다.

망상 하천

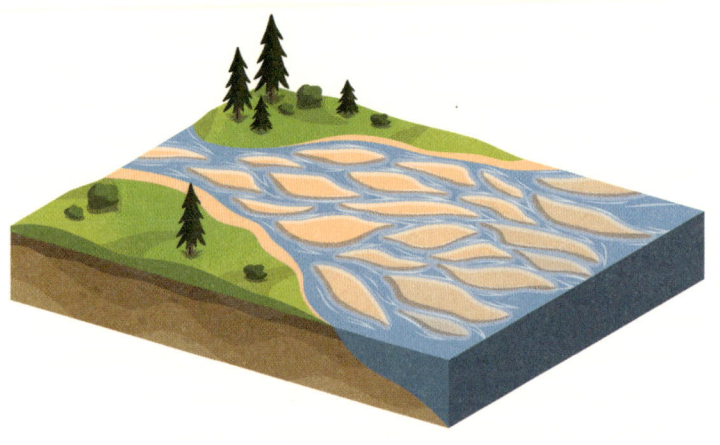

산과 산 사이에 있는 평야처럼 육지가 어느 정도 평평하고 넓을 때, 강이 이리저리 돌아다닐 수 있는 공간이 많아져요. 강물은 구불구불 자유롭게 흘러가지요. 작은 강이나 개울로 나뉘어 흐르기도 하는데, 그 모습이 그물과 비슷하다고 해서 망상 하천이라 불러요.

망상 하천은 빠르게 흐르다가 속도가 점점 느려져요. 그동안 머금고 다녔던 자갈과 모래, 진흙 따위를 붙잡을 힘이 떨어지기 때문에, 육지 사이를 지나가며 남기고 가지요. 그 결과 작은 섬 수백 개가 생겨요. 모래섬은 강물이 여행을 계속하는 동안 이동하고 바뀌며 끊임없이 쪼개지고 합쳐져요. 마치 스케치북에 풍경화를 그려 넣은 것 같은 모양이지요.

아이슬란드의 작은 개울과 해협이 만든 망상 하천이에요. 푸른색 그물 무늬가 보이지요.

강의 모양

가파른 곳에서 빠르게 흐르는 강물을 급류라고 해요.

구부러진 강의 양쪽이 잘려 나가면 우각호가 생겨요.

범람원은 강 옆에 있는 평평한 땅이에요.

강은 아래로 흐르며 산과 언덕에 있는 물을 가져오고는 바다로 내보내요. 산이 가파르면 물이 흐르는 속도도 빨라지지요. 평평한 육지에서는 물의 흐름이 느려지고 넓게 퍼져서 강의 너비도 넓어져요.

강은 여행을 하며 육지에 각기 다른 모양을 남깁니다. 물이 절벽에서 떨어지면 폭포가 되겠지요. 평평한 땅과 범람원에서는 모양을 바꾸며 굽이굽이 흘러가기도 해요. 어떤 곳에서는 이리저리 왔다갔다 흐르면서도, 또 어떤 곳에서는 'S' 자 모양이나 커다란 고리 모양으로 흐르기도 합니다. 때로는 고리 모양 양쪽이 잘려 사진에 보이는 미국 알래스카주의 유콘 삼각주처럼 우각호가 되기도 해요. 말굽 호수라 부르기도 해요. 왜 그렇게 부르는지 알겠죠?

우각호가 만들어지면 고요한 호수가 되어 더 이상 물이 들어오거나 빠져나가지 않아요.

알래스카주의 유콘 삼각주는 세계에서 가장 큰 삼각주 중에 하나예요.

갠지스 삼각주는 세계에서
가장 넓은 삼각주예요.

삼각주

평평한 삼각형 모양을 한 삼각주는 영어로 '델타 delta'라 하는데, 그리스 알파벳 '델타 Δ'에서 따왔어요. 그리스 문자의 델타가 삼각형과 비슷하기 때문이에요.

삼각주는 강이 남기고 간 모래와 진흙으로 생긴 거대하고 평평한 지대예요. 퇴적물이 쌓여서 강이 원래 가던 경로를 막아 버리면 작은 물길 몇 개로 갈라지지요. 인도의 갠지스 삼각주와 같은 곳은 세계에서 가장 비옥한 땅 중 하나예요. 이런 땅은 농사짓기 안성맞춤이에요. 강이 산과 언덕에서 흙을 쓸고 내려와 범람하면서 여기저기에 퍼뜨리니까요. 갠지스강의 물은 모두 히말라야산맥에서 왔어요. 1억 2000만 인구가 갠지스 삼각주를 보금자리로 삼고 있으며, 이곳의 땅 대부분에서 황마와 쌀, 차와 같은 농작물을 생산합니다.

갠지스강은 벵골만으로 흘러갑니다.

물에 뜬 무지개

콜롬비아에서만 볼 수 있는 마카레니아 클라비헤라는 식물은 강물을 밝은 분홍빛과 붉은빛으로 물들입니다.

콜롬비아의 외진 산에 빠르게 흐르는 카뇨 크리스탈레스강은 거의 1년 내내 하얀 강바닥 위에 수정처럼 맑은 물을 뿜내요. 하지만 8월에서 10월 사이에 물이 딱 알맞은 깊이가 되면, 마법처럼 변화가 일어나 강에 여러 가지 색깔이 마구 생겨나요.

돌투성이 강바닥에는 선명한 주황색과 초록색, 특히 붉은색 수생 식물이 갑자기 만개합니다. 파란 물빛과 노란 모래가 대비를 이루어, 식물들은 휘황찬란한 색상을 마음껏 뽐내요. 그 덕분에 카뇨 크리스탈레스강은 '물에 뜬 무지개'나 '다섯 색깔 강'이라는 별명이 붙었답니다.

마카레니아 클라비헤라는 강한 뿌리로 돌투성이 강바닥을 꽉 붙잡아요. 그 덕분에 물살이 아무리 빨라도 강물에 휩쓸려 가지 않아요.

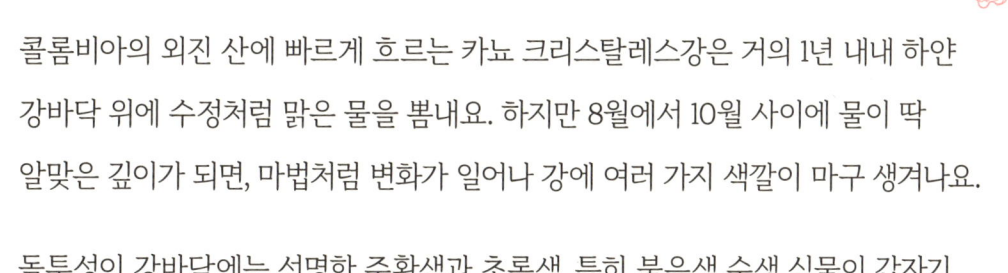

폭포

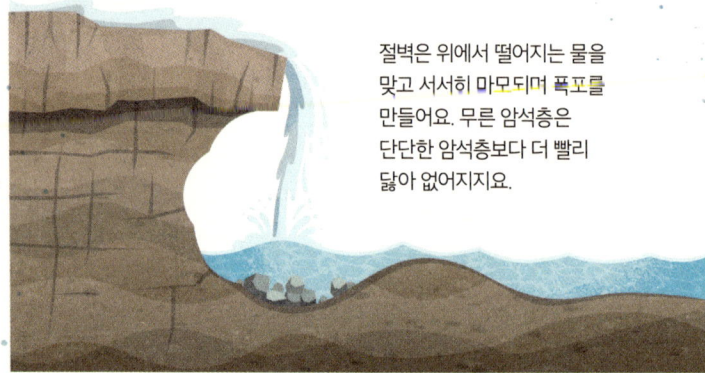

절벽은 위에서 떨어지는 물을 맞고 서서히 마모되며 폭포를 만들어요. 무른 암석층은 단단한 암석층보다 더 빨리 닳아 없어지지요.

빅토리아 폭포는 108미터 아래의 깊은 틈으로 떨어져요.

빅토리아 폭포는 우르릉 쾅쾅 소리를 내며 어마어마한 물을 쏟아내고 장엄한 광경을 연출해요. 이곳은 아프리카 남부 잠비아와 짐바브웨 사이 국경에 있답니다. 이곳에 사는 로지인들은 모시오아툰야라 부르는데, '천둥소리가 나는 연기'라는 뜻이래요. '무지개가 뜨는 곳'이라고도 알려져 있는데, 햇빛이 물보라 사이에서 반짝이며 무지개를 만들기 때문이에요.

폭포에서 떨어지는 물보라는 강력하고 양도 많지만, 매우 유용하기도 하답니다. 폭포수는 건조한 지역에 도움이 돼요. 작게나마 열대 우림이 번성하여 수많은 식물과 동물의 서식지가 되도록 만들어 주지요.

빅토리아 폭포 위, 오른쪽 끝에는 '악마의 수영장'이 있어요. 놀랍게도 물살이 아주 강하지 않은 건기에는 수영을 해도 안전하답니다.

염호

염호는 매우 위험할 수 있어요. 탄자니아에 있는 나트론 호수에는 천연 탄산 소다가 들어 있어요. 호수를 둘러싼 화산암에서 나온 물에 소금이 스며든 거이죠. 이 과정에서 물은 표백제처럼 알칼리성이 돼요.

아주 작은 미생물이 물을 붉게 물들여요.

아살호가 마를 때마다 소금이 더 많이 남고, 소금층이 두꺼워집니다.

아살호에는 소금이 바다보다 10배 더 많아요.

아프리카에서 가장 낮은 지점이며 지구에서 세 번째로 낮은 곳에 있는 아살호는 해발 155미터 아래인 지부티에 있어요. 대부분의 호수는 강과 개울에서 민물을 들여오고 하류로 내보내요. 하지만 아살호는 염호(소금 호수)예요. 물이 빠져나가는 곳은 없지만 태양열로 수분이 대기로 날아가는 증발 현상으로 물의 양만 줄어들지요. 염호의 물이 모두 증발하고 없어지면 소금 사막만 남아요.

이곳은 호수인데 왜 이렇게 소금이 많을까요? 사실 근처 아덴만에서 바닷물이 들어오기 때문이랍니다. 이곳 바닷물은 따뜻하기도 해요. 지각 아래의 지열을 받은 열수구(바다 밑에서 뜨거운 물이 스며 나오는 곳) 사이를 통과하기 때문이에요.

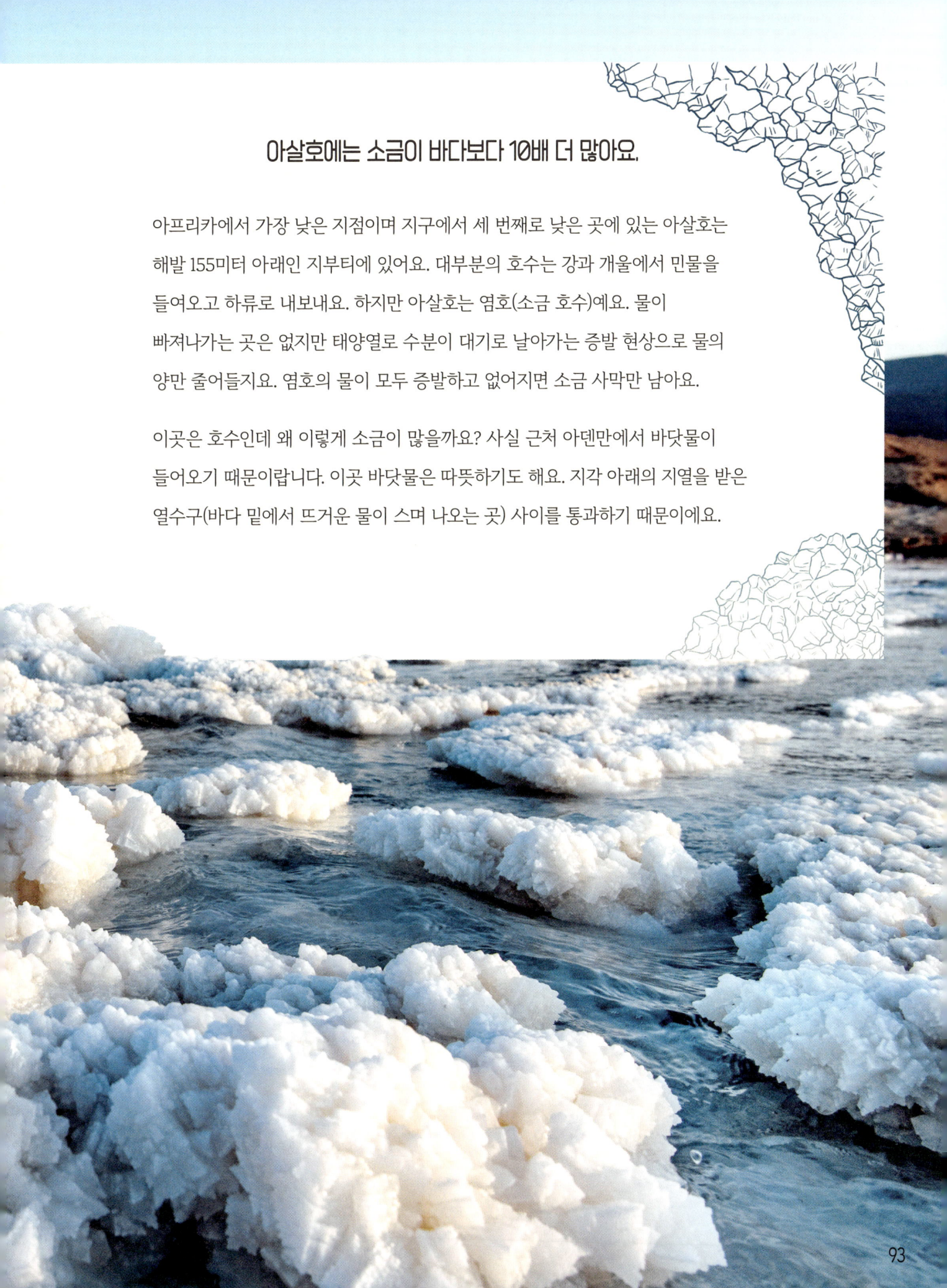

크레이터호

 화산이 폭발하고 나면 분화구가 생겨요. 시간이 흘러 비가 내리고 얼음과 눈이 녹으면 물이 가득 고입니다. 흙이나 암석이 호수 안으로 거의 들어오지 않기 때문에 깨끗하고 맑은 상태가 유지된답니다.

크레이터호의 평균 깊이는 350미터예요.

투명하고 맑은 물이 가득한, 미국에서 가장 깊은 민물 호수인 크레이터호는 커다랗고 둥그런 웅덩이예요. 이곳은 약 7,700년 전 마자마 화산이 터졌을 때 생겼어요. 화산 꼭대기가 날아가고 산이 무너지며 커다란 구멍이 남았고, 이곳에 비와 눈이 내려 물이 고인 것이죠.

수백 년 동안 작은 폭발이 계속되었고, 호수 안에 위저드섬이라 불리는 작은 섬이 생겼어요. 강물이 크레이터호로 흐르거나 나가지는 않지만, 비와 눈이 내리는 덕분에 청아하게 맑은 물이 계속 들어온답니다.

크레이터호는 북아메리카 서부에 있는 캐스케이드 화산호에 있어요.

노르웨이에는 1,000개가 넘는 피오르가 있어요.

피오르

빙하가 녹으며 육지를 깎아 골짜기를 만들어요.

해수면의 높이가 올라가면 물이 계곡을 채우고 피오르가 생깁니다.

피오르는 물이 흐르는 골짜기로, 빙하 때문에 만들어졌어요. 골짜기는 좁고, 가파르고, 매우 깊어요. 대략 1만 4000년 전 빙하기에 노르웨이는 온통 빙하로 덮여 있었어요. 얼음이 녹고 해수면의 높이가 올라가자, 바닷물이 골짜기를 채워 피오르가 생겼지요. 노르웨이는 웅장한 풍경을 자랑하는 예이랑에르 피오르를 비롯해 다양한 피오르로 유명해요.

피오르에 물이 없다면, 빙하로 둘러싸인 골짜기의 바닥이 'U' 자 모양이라는 것을 알 수 있을 거예요. 빙하가 산 위에서 바다로 천천히 내려가며 만들어진 모양인데, 그 과정에서 아래에 있는 땅이 깎인 거예요. 얼음 자체는 암석을 닳아 없애지 못하지만, 빙하가 아래로 내려가는 도중에 암석도 함께 굴러 내려가며 땅을 갈아 없애고 골짜기가 생겨요.

노르웨이에 있는 예이랑에르 피오르는 길이가 15킬로미터가 넘어요.

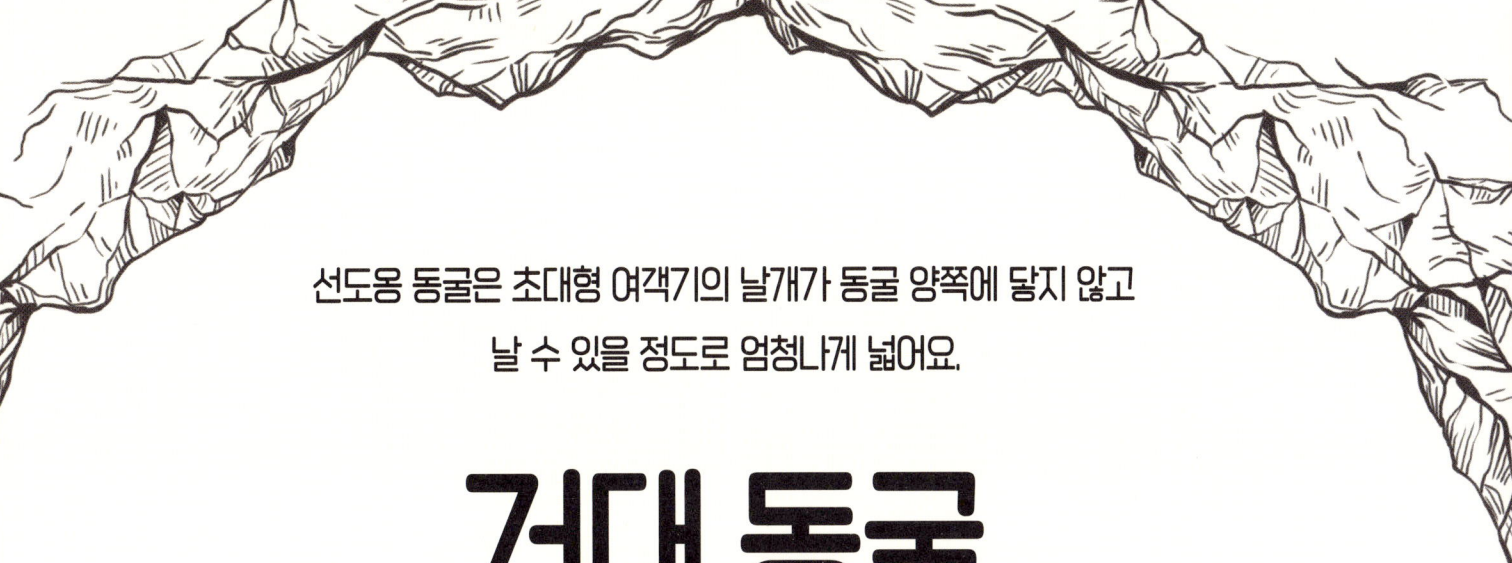

선도옹 동굴은 초대형 여객기의 날개가 동굴 양쪽에 닿지 않고
날 수 있을 정도로 엄청나게 넓어요.

거대 동굴

선도옹 동굴은 길이가 9킬로미터가 넘고 너비도 150미터나 된답니다.

1991년, 호카인이라는 베트남인이 세계에서 가장 큰 동굴을 발견했어요. 통나무를 찾으러 다니다 우연히 알게 되었는데, 처음에는 얼마나 대단한지 몰랐기 때문에 곧 잊어버리고 말았어요. 그 후 거의 20년 뒤, 그는 동굴 탐험대를 만나 마침내 선도옹 동굴이라 부르는 곳으로 데리고 갔지요.

이 거대한 동굴의 특징은 돌리네라 부르는 두 개의 텅 빈 분지로 이루어져 있다는 거예요. 지붕의 일부가 무너졌기 때문이죠. 돌리네 안으로 햇빛이 들어올 수 있기 때문에, 지하 깊은 곳에서도 열대 우림이 빠르게 흐르는 지하수를 머금고 번성했어요. 동굴에는 방해석으로 이루어진 90미터 높이의 바위벽이 있는데 베트남 만리장성이라 부릅니다.

선도옹 동굴은 베트남의 퐁냐께방 국립 공원에 있어요.

세계에서 가장 키 큰 석순이 중국의 즈진 동굴에 있어요.
높이가 무려 70미터나 된답니다.

동굴 퇴적물

종유석과 석순이 만나면
석주가 만들어져요.

어떤 동굴에서는 동굴 퇴적물이라 부르는 이상하고도 신기한 암석을 볼 수 있어요. 특히 무른 석회암이 있는 곳에서 많이 볼 수 있지요. 동굴 퇴적물은 영어로 '스펠레오뎀 speleothem'이라고 하는데 고대 그리스어에서 따왔어요. 고대 그리스어로 '스펠라이온 spelaion'은 '동굴'이라는 뜻이고, '테마 thema'는 '퇴적물'이라는 뜻이에요. 석회암 동굴에서 물이 떨어지면, 아라고나이트와 방해석 같은 광물질을 남겨요. 이 광물질들이 수천 년에서 수백만 년에 걸쳐 아주, 아주 천천히 쌓이지요. 그리고 마침내 이렇게 멋진 모양이 만들어지는 거예요.

동굴 퇴적물은 300가지가 넘는 다양한 모양이 있어요. 그중에 가장 흔한 형태가 뾰족한 종유석인데, 천장에 거꾸로 매달려 있어요. 모양에 따라 '빨대' 또는 '빗자루'처럼 다른 이름으로 부른답니다. 둥그런 모양의 석순도 있는데, 동굴 바닥에서 위로 자라요.

스페인 마요르카섬에 있는 드라크 동굴 속이에요.
위에 매달린 종유석과 아래에서 자라는 석순이 보이네요.

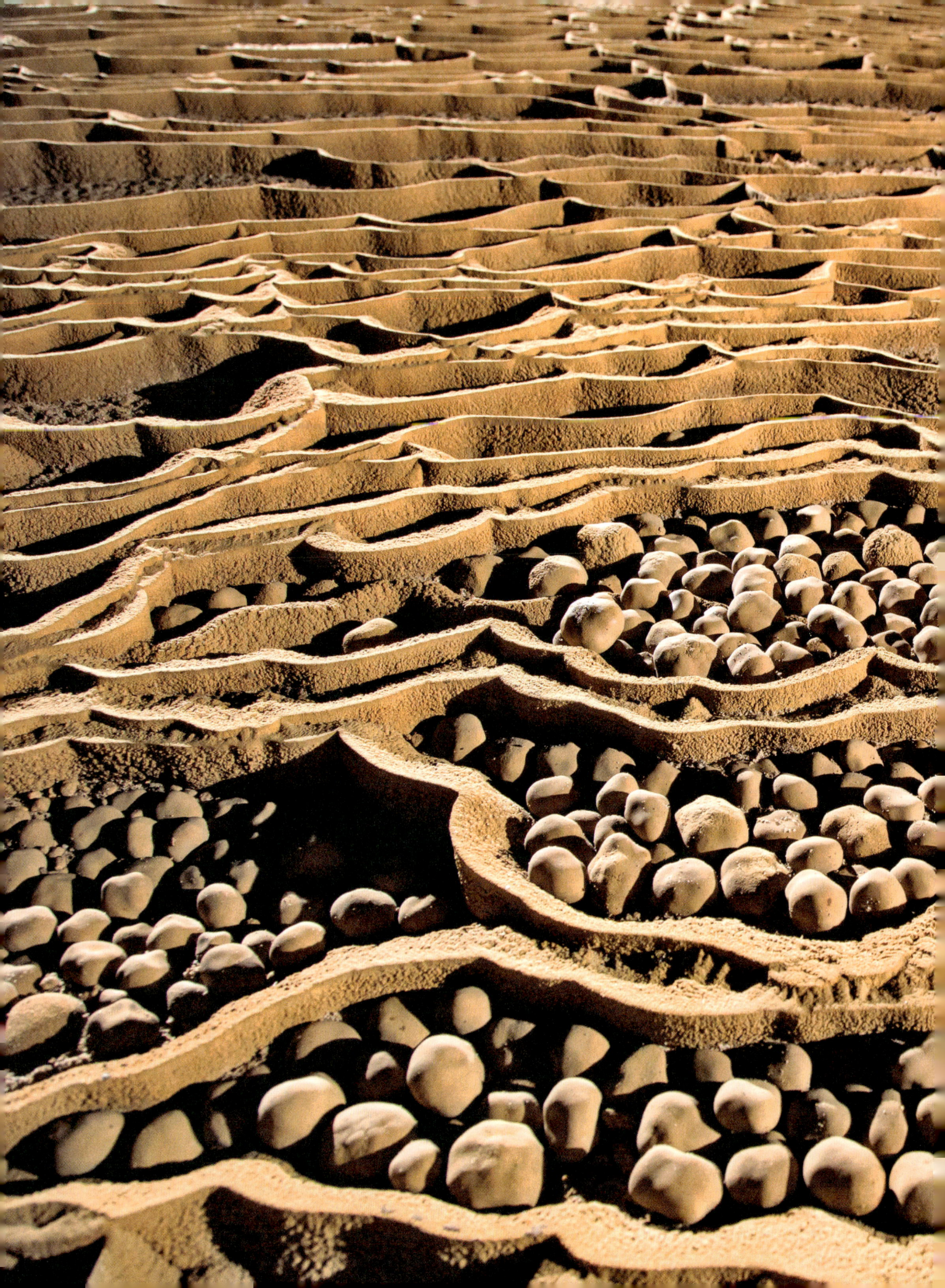

어떤 동굴 진주는 거울처럼 얼굴이 비칠 정도로 반짝반짝 빛난답니다.

동굴 진주

진주라는 이름이 붙긴 했지만 동굴 진주는 진짜 진주가 아니에요. 동굴의 '진주'는 둥그런 모양에 갈색이나 흰색인 경우가 많고, 때로는 진주처럼 반짝인답니다. 하지만 실제 진주와는 달리 바다에서 나지 않았어요. 그 대신 석회암으로 만들어진 동굴에서 볼 수 있지요.

동굴 진주는 석회암이나 조개껍데기, 모래 등의 작은 알갱이에서 시작해요. 이 알갱이들이 흔히 말하는 진주의 핵을 만드는 것이죠. 물이 핵 위로 뚝뚝 떨어지고 나면 방해석 광물질이 남아요. 시간이 흘러 방해석층이 점점 쌓이며 진주가 커지고 또 커져요. 동굴 진주는 동굴 벽과 천장, 바닥 등에서 자라며, 얕은 물웅덩이에서 가장 많이 찾을 수 있어요.

동굴 진주는 흐르는 물에 이리저리 굴러가며 점점 매끈해집니다.

베트남의 퐁냐께방 국립 공원에 있는 선도옹 동굴은 좀처럼 보기 힘든 커다란 동굴 진주를 흔히 볼 수 있어요.

드넓은 대양

바다는 해가 비치는 해수면부터 어두운 해구까지 깊이가 다양합니다. 온갖 종류의 신기한 바다 생물들이 각기 다른 깊이에서 살아가요. 거북과 돌고래, 나비고기 등은 해수면 가까이에 살고 바다돼지와 분홍꼼치는 머나먼 바다 깊은 곳에 살아요.

유광층

0-200미터

이름에서 알 수 있듯이 유광층에는 햇빛이 들어오고 따뜻해요. 대부분의 해양 식물과 동물이 유광층에 살아요.

돌고래

약광층

200-1,000미터

약광층은 유광층보다 더 춥고 어두워요. 하지만 약하게나마 빛이 들어오지요. 어떤 동물들은 먹이를 찾으러 밤에 유광층으로 올라가요.

문어

암흑층

1,000-4,000미터

햇빛이 들어오지 못해 완전히 차갑고 매우 추워요. 유일한 빛이라고는 특정 동물이 스스로 내는 빛밖에 없답니다.

아귀

심해층

4,000-6,000미터

얼음처럼 차갑고 칠흑 같이 어두워서 그 어떤 것도 제대로 보이지 않는 곳, 또는 해저를 말해요.

바다돼지

해구

6,000-11,000미터

대부분의 해저보다 훨씬 더 깊은 곳으로, 바다 아주 깊이 움푹 파인 곳이에요. 이곳에서는 수압도 가장 세답니다.

분홍꼼치

연기 굴뚝

연기 굴뚝은 무너지기 직전까지 55미터 위로 오를 수 있어요.

해저 가장 어두운 곳으로 깊이깊이 내려가면, 이상하게 생긴 연기 굴뚝이 모습을 숨기고 있어요. 이 연기 굴뚝은 사실 열수 분출공이라 부르는 온천이에요.

열수 분출공은 해양 지각이 새로 만들어지는 곳에서 볼 수 있어요. 바닷물이 해양 지각의 틈 사이에 스며들 때 뜨거운 마그마의 열을 받고 굴뚝이 만들어지는 것이죠. 뜨거워진 바닷물은 광물질을 가득 머금고 배출구를 통해 다시 밖으로 나와요. 열수 분출공에서 나오는 바닷물은 온도가 섭씨 400도까지 오를 수 있어요. 하지만 차가운 바닷물 속으로 분출하며 식게 되고 광물질은 켜켜이 쌓여 탑처럼 올라가지요.

광물질을 함유한 물이 대서양 중앙 해령에 있는 열수 분출공 사이로 뿜어져 나오고 있어요.

망간 단괴는 엄청나게 천천히 자라요.
100만 년에 겨우 1센티미터씩만 자란답니다.

망간 단괴

망간 단괴의 크기는 골프공과 볼링공의 중간 정도 되어요.

단괴의 층은 나무 기둥을 자를 때 보이는 나이테와 비슷해요. 시간에 따라 얼마나 자랐는지 알 수 있지요.

깊은 바다 저 넓은 곳은 수수께끼투성이에요. 그런데 바다 밑바닥에 아주 놀라운 것이 발견되었어요. 조금 이상하긴 하지만, 해저 여러 곳에는 망간 단괴라 부르는 금속 덩어리로 덮여 있답니다. 이름에 망간이 붙은 이유는 이 금속이 주로 망간으로 이루어졌기 때문이에요. 하지만 그 밖에 철과 니켈, 코발트, 구리, 티타늄도 들어 있어요.

망간 단괴는 전 세계 어디에서나 찾을 수 있지만, 특히 멕시코 연안 쪽 태평양에 광범위하게 덮여 있어요. 망간 단괴가 생긴 과정은 그 자체를 보면 알 수 있어요. 바닷물에 녹은 금속이 조개껍데기나 뼈, 상어의 이빨 주위에 느린 속도로 층층이 쌓이며 만들어졌답니다. 미래에는 이 미지의 덩어리들이 해저에서 채집될 수도 있어요. 망간 단괴가 간직하고 있는 금속의 가치가 매우 크니까요.

대서양에 놓여 있는 망간 단괴들이에요.

코콜리드가 해저로 가라앉기까지는 수천 년이나 걸려요.

둥그런 모양의 코코스피어를 감싸고 있는 코콜리드예요. 코콜리드의 아름다운 무늬를 보여 주기 위해 아주 크게 확대한 것이랍니다.

연니

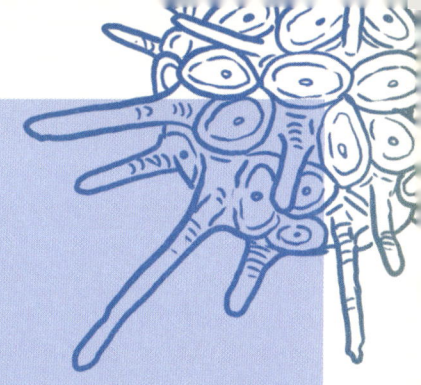

해저는 암석과 광물 퇴적물로 이루어진 아주 작은 입자로 덮여 있어요. 어떤 퇴적물 알갱이는 육지에 있다가 강물이나 얼음, 바람에 실려 바다로 흘러갑니다. 하지만 깊은 바다에 있는 퇴적물은 조금 다른 과정을 거쳐요. 연니라 부르는 해양 생물의 유해가 물속에 있는 화학 물질과 결합하여 해저로 가라앉지요.

연니 대부분은 석회질 성분이에요. 다시 말해 탄산 칼슘 진흙 덩어리인 백악으로 이루어져 있다는 말이죠. 연니는 해저 가까이에 둥둥 떠다니던 식물과 닮은 아주 작은 단세포 유기체, 즉 식물성 플랑크톤이 만들었어요. 식물성 플랑크톤 중 가장 대표적인 유형을 석회비늘편모류라 불러요. 석회비늘편모류는 코코스피어 또는 둥그런 모양의 덮개로 덮여 있어요. 각각의 코코스피어는 코콜리드라고 하는 둥그런 판이 감싸고 있답니다. 해저 어딘가에는 수백만, 수십 억, 수백억 개의 코콜리드가 있어요. 코콜리드가 해저로 가라앉기까지는 정말로 아주 오랜 시간이 걸린답니다. 그리고 마침내 상아색 석회질 연니가 만들어지는 거예요.

해양 생물이 남긴 아주 작은 입자와 다른 물질이 해저 가까이로 서서히 가라앉아요. 이 현상을 가리켜 '바다 눈'이라 부릅니다.

파도

바닷가에 가서 파도가 치는 모습을 본 적이 있지요? 파도는 바람이 만든 에너지 때문에 바닷물이 강하게 터져 나오는 현상이에요. 시작은 깊은 바다부터랍니다. 바람이 해수면 위에서 불기 시작하면, 물이 위아래로 출렁여요. 그러다 먼저 잔물결이 생기고, 바람이 계속해서 불면, 잔물결은 파도가 되지요. 그리고 바람이 세게 불수록 파도 역시 점점 커져요.

마침내 파도는 바닷가에서 부서지며 여행을 마칩니다. 파도가 부서지는 이유는 물마루(파도의 맨 윗부분)가 말 그대로 넘어지기 때문이에요! 물마루는 아래에 있는 물을 앞질러 가요. 아래에 있는 물이 해안가의 비스듬히 기울어진 바닥 면과 부딪치면서 속도가 느려지거든요. 그리고 파도가 부서지며 공중에 하얀 물보라를 뿌립니다. 마치 흰말이 바닷가를 향해 달려오는 것 같은 모습이에요.

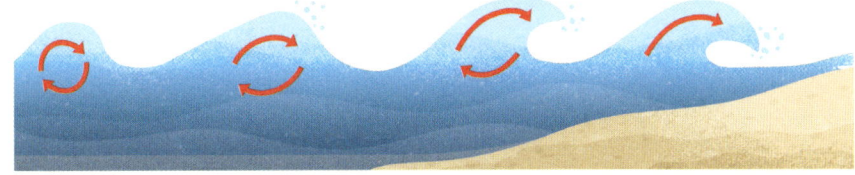

파도가 일으키는 물은 제각각 둥그런 모양을 하고 앞에 있는 파도에 에너지를 전달해요.
그리고 바닷가에서 부서질 때까지 계속해서 앞으로 움직이지요.

파도는 20미터 넘게 칠 때도 있어요.

폭풍우가 몰아치는 저녁에는 커다랗고 강력한 파도가 몰아칩니다.
보통 이런 큰 파도를 거대 파도 또는 괴물 파도라 불러요.

소용돌이

욕조나 싱크대에서 물이 배수구 안으로 들어가는 모습을 본 적이 있나요? 둥글게 소용돌이를 치며 내려가지요. 작은 소용돌이가요. 자연에서는 빠르게 흘러가는 강이나 바다에서 훨씬 더 크게 일어날 수 있어요. 규모가 큰 소용돌이를 마엘스트롬이라고도 부르는데. 엄청나게 빠른 속도로 맹렬하게 회전하기 때문에 배 한 척도 통째로 집어삼킬 수 있습니다.

소용돌이는 한쪽에서 흘러오던 바닷물이 다른 방향에서 오던 바닷물과 만날 때 일어나요. 바닷물이 움직이는 방향을 해류라 부르는데, 이 해류는 끊임없이 바뀝니다. 빠르게 흐르는 두 해류가 이런 방식으로 만나면 속도를 늦출 줄 모르고 얼른 지나가려고 해요. 여러분이 어디론가 가고 있는데 반대편에서 누군가 여러분 쪽으로 다가오고 있다고 생각해 보세요. 두 사람 모두 속도를 늦출 생각을 하지 않습니다. 그러면 몸을 살짝 돌려 서로를 비껴가야겠지요. 해류도 마찬가지예요. 하지만 해류는 계속 빙글빙글 돌아 소용돌이를 일으켜요.

거대 소용돌이는 너비 10미터에 깊이도 5미터까지 이를 수 있어요.

한쪽 방향으로 움직이는 물과 다른 쪽 방향에서 오는 물이 만나요.

소용돌이가 아래로 빨려 들어가면 가운데에 빈 공간이 생겨요.

산호초

줄무늬가 있는 홍해메론나비고기는 인도양의 일부인 홍해에 주로 살아요.

흰동가리는 산호초가 있는 따뜻한 열대 수온에 보금자리를 꾸며요.

어떤 산호초는 300만 년에 걸쳐 자란답니다.

알록달록한 산호초는 생명체로 북적거려요. 물고기와 여러 해양 생명체들이 이곳에 살지요. 산호초도 생물이랍니다. 산호초는 폴립이라 부르는 관 모양 동물 수백만 개가 해안가에 잠긴 바위에 달라붙어 생기기 시작해요. 폴립 하나에서 또 다른 폴립이 하나둘 생겨나고, 단단한 백악질 뼈대가 서로 연결되며 산호초가 만들어지는 거예요. 이렇게 산호초가 생기기까지는 시간이 꽤 많이 걸립니다. 어떤 산호는 1년에 겨우 2센티미터만 자라요. 그러니 폴립이 산호가 되기까지 1만 년 넘게 걸릴 수 있어요. 그래서 산호초는 지구에서 동물이 만든 가장 오래된 생태계가 되었답니다.

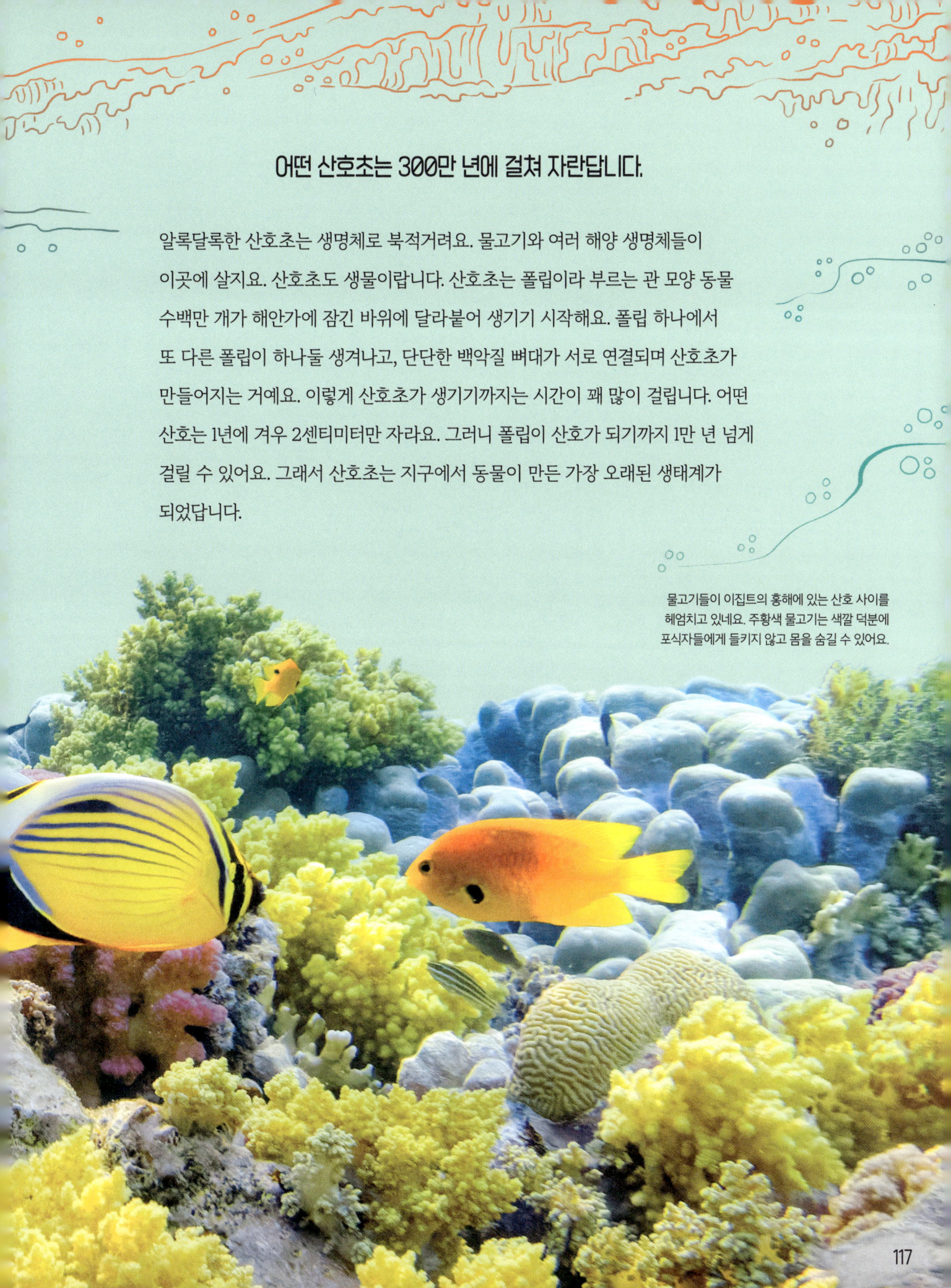

물고기들이 이집트의 홍해에 있는 산호 사이를 헤엄치고 있네요. 주황색 물고기는 색깔 덕분에 포식자들에게 들키지 않고 몸을 숨길 수 있어요.

환초

산호에 둘러싸인 화산이 바다 아래로 가라앉아요.

화산이 물속으로 가라앉는 동안, 산호초는 해수면에 그대로 남습니다.

태평양 미크로네시아의 아름다운 푸른 석호를 둘러싸고 있는 파킨 환초.

환초는 고리 모양의 산호초인데, 산호로 이루어져 있으며 석호라 부르는 물웅덩이를 둘러싸고 있어요. 석호 안에는 섬이 있는 경우도 있답니다. 환초는 대부분 태평양에 있어요. 이곳이 산호가 자라기 알맞게 따뜻하기 때문이에요.

영국의 과학자 찰스 다윈은 환초가 만들어지는 과정을 처음 알아낸 사람이에요. 그는 화산섬이 바다 아래로 가라앉고 나서 환초가 생긴다고 말했지요. 화산섬이 가라앉기 전, 섬 주변의 따뜻하고 얕은 물가에서 산호가 장식 술처럼 자라요. 화산이 가라앉고 해수면이 높아져도 산호는 계속 자라며 화산과 산호 사이에 있는 석호에 산호벽을 만들어요. 마침내 화산이 완전히 사라지고 환초만 남게 됩니다.

스페인의 탐험가였던 이사벨 바레토는 1595년 파킨 환초를 처음으로 기록한 사람 중 하나예요.

갈색 해초류 숲은 전 세계 해안의 5분의 1을 따라 자라요.

갈색 해초류 숲

해달은 몸을 갈색 해초류로 감싸서 물살에 떠내려가지 않도록 고정해요. 해달은 갈색 해초류 숲이 생존하는 데 매우 중요한 역할을 해요. 갈색 해초류를 먹어 치우는 성게를 해달이 사냥해 주거든요.

갈색 해초류는 전 세계 서늘하고 얕은 해안가에 자라는 해초의 일종이에요. 다음에 바닷가에 놀러 가면, 폭풍우가 지나간 후 기다란 잎이 바닷가로 밀려 올라온 모습을 한번 보세요. 매우 두껍게 자라는 갈색 해초류는 물속에서 하늘거리는 모습이 바람에 흔들리는 잎사귀와 비슷해서 마치 숲을 이룬 것 같아요. 하지만 나무와 달리 갈색 해초류는 뿌리가 없어요. 배에서 닻을 내리듯 바다 밑바닥이나 암석에 끈끈하게 꼭 붙어서 빛이 있는 방향으로 자라지요. 갈색 해초류 잎사귀에는 기포체라 부르는 공기주머니가 있어서 갈색 해초류가 위로 올라갈 수 있게 도와준답니다. 이 풍선처럼 생긴 작은 공기주머니가 자기 역할을 제대로 하지 못한다면 잎사귀는 바다 아래로 힘없이 쳐지고 말 거예요.

갈색 해초류의 일종인 자이언트켈프는 30미터 넘게 자라는 잎사귀가 수천 개 있어요.

다른 해초와는 달리 바닷말은 암석에 붙어 있지 않고,
파도 아래에서 둥둥 떠다니며 군락을 형성해요.

바닷말

환류라 부르는 해류가
사르가소해 주변을
빙글빙글 돌아요.

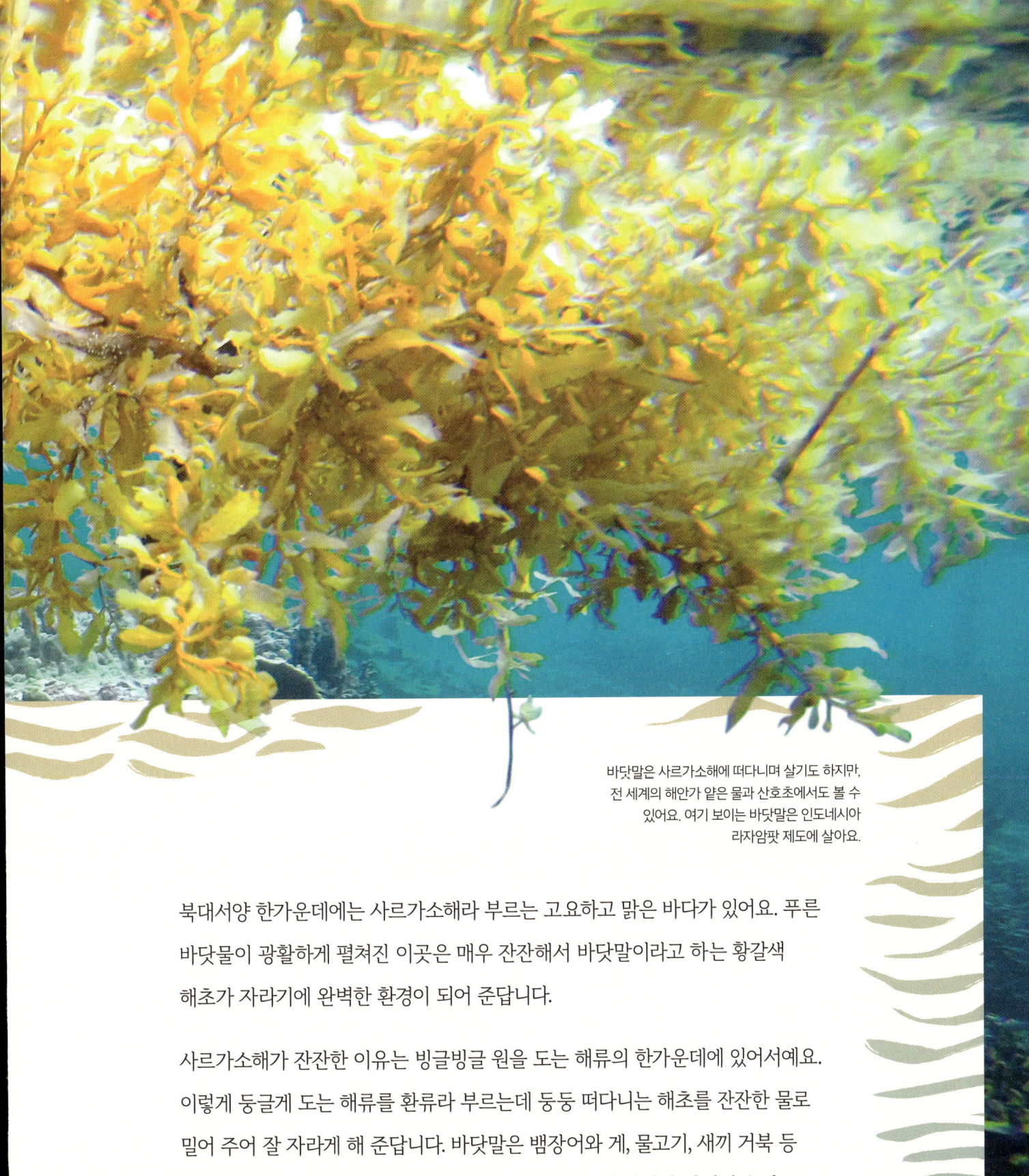

바닷말은 사르가소해에 떠다니며 살기도 하지만, 전 세계의 해안가 얕은 물과 산호초에서도 볼 수 있어요. 여기 보이는 바닷말은 인도네시아 라자암팟 제도에 살아요.

북대서양 한가운데에는 사르가소해라 부르는 고요하고 맑은 바다가 있어요. 푸른 바닷물이 광활하게 펼쳐진 이곳은 매우 잔잔해서 바닷말이라고 하는 황갈색 해초가 자라기에 완벽한 환경이 되어 준답니다.

사르가소해가 잔잔한 이유는 빙글빙글 원을 도는 해류의 한가운데에 있어서예요. 이렇게 둥글게 도는 해류를 환류라 부르는데 둥둥 떠다니는 해초를 잔잔한 물로 밀어 주어 잘 자라게 해 준답니다. 바닷말은 뱀장어와 게, 물고기, 새끼 거북 등 해양 생물들에게 아늑한 안식처가 되어 주어요. 그들이 바닷말 사이에 숨어 포식자를 피할 수 있는 환경을 제공해 주거든요.

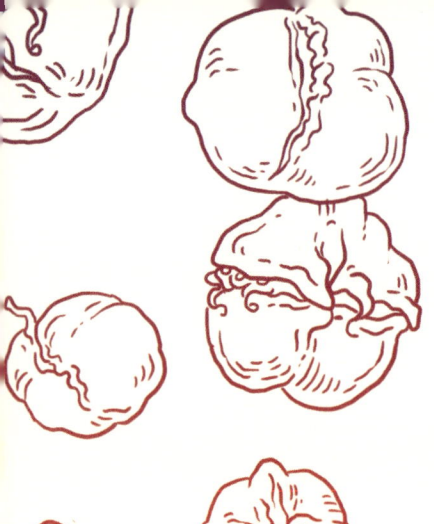
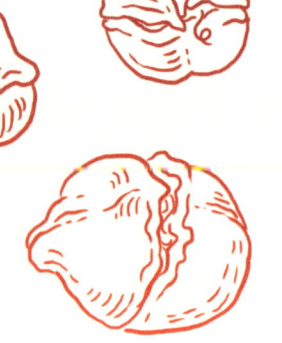

적조

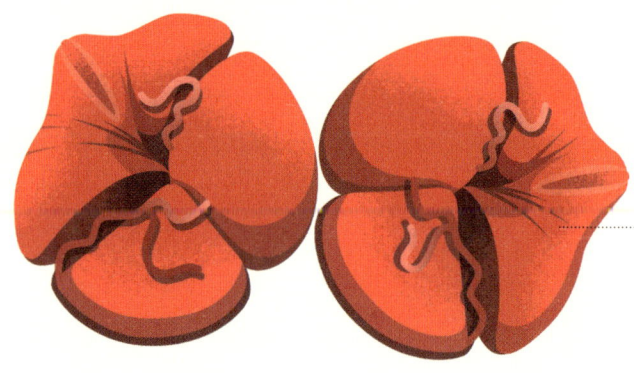

카레니아 브레비스라는
미세 조류가 적조를 일으켜요.

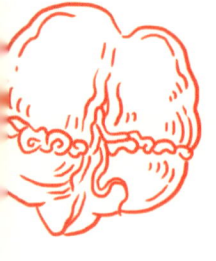

적조는 언뜻 예뻐 보일 수 있지만 사실 위험의 대명사예요. 해로운 미세 조류가 원인이 되어 생기는 적조는 물을 붉게 물들입니다. 미세 조류는 단순한 구조에 식물처럼 생긴 유기체인데, 바다와 민물 모두에서 살 수 있어요. 미세 조류가 너무 많으면 식물처럼 꽃을 피워요. 이를 두고 조류 대증식 또는 적조라 부르지요. 보통 조류가 증식하면 새우나 해파리 등 다양한 해양 생명체들에게 먹이가 되어 주어 이득이에요. 하지만 통제할 수 없을 정도로 너무 많아지면 위험합니다. 조류의 독성으로 조개와 물고기를 해치거나 죽일 수 있어요. 그리고 여러분이 조류에 감염된 해산물을 먹으면 병에 걸릴 수도 있습니다.

적조는 예측하기 어렵지만 다행히 오래 지속되지는 않아요. 하루에서 몇 주 정도 지나면 사라집니다. 적조는 너무나 위험하기 때문에 과학자들은 특별한 망원경을 이용해 우주에서 찾기도 해요. 그러면 적조 가까이 있는 사람들에게 경고를 주어 근처에서 낚시를 하거나 수영을 하지 못하게 할 수 있답니다.

적조는 붉은색만 있지 않아요.
갈색이나 녹슨 주황색, 초록색을 띠는 것도 있어요.

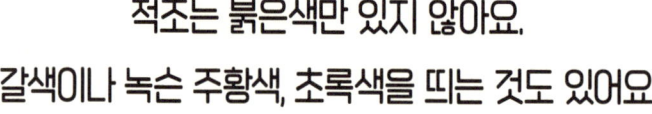

뉴질랜드 로드니곶 근처에 있는
리라는 해변 마을에 발생한 적조예요.

극지방

북극과 남극은 지구의 반대 방향에 있어요. 북극은 맨 위 북극점에, 남극은 맨 아래 남극점에 있지요. 두 곳 모두 광활하고, 춥고, 얼음으로 덮인 텅 빈 곳이에요. 하지만 북극이 육지에 둘러싸인 바다인 반면, 남극은 바다에 둘러싸인 육지랍니다.

북극

북극은 북극해에 있어요. 움직이는 얼음으로 덮여 있어 여름에는 녹고 겨울에는 다시 얼어요. 남극과 달리 북극에는 고정된 북극점이 없어요. 북극의 얼음은 바다 위에서 끊임없이 움직이기 때문이에요. 북극은 그린란드에서 약 700킬로미터 떨어져 있습니다.

얼음 조류

해빙에서 자라는 조류를 얼음 조류라 불러요. 조류는 물방울 안에 물을 가두는 방식으로 물 속 얼음 안에서 살아요. 해빙이 녹으면 조류는 해저로 가라앉아 동물과 박테리아를 먹고 산답니다.

에러버스산

남극에는 산도 있고 계곡도 있고, 심지어 에러버스산과 같은 화산도 있어요. 에러버스산은 세계에서 가장 남쪽에 있는 활화산이죠. 이곳에서는 용암이 부글부글 끓어오르는 분화구 위로 가스가 뭉게뭉게 솟아오르는 모습을 볼 수 있어요.

웨들해바다물범은 남극 바다에서 사냥하며 살아요.

남극에 사는 포유류

물범은 남극의 육지에 사는 유일한 포유류예요. 그리고 몇몇 각기 다른 종을 여기에서 볼 수 있지요. 물범들은 얼음 위 또는 육지를 둘러싼 작은 섬에서 살아요.

북극에 사는 포유류

남극과 달리 북극에는 포유류가 많이 살아요. 북극에 사는 포유류는 북극곰과 북극여우, 순록, 북극늑대 등이 있답니다. 동물들 모두 추위를 피할 수 있도록 두꺼운 털이 몸을 감싸고 있어요.

북극곰이 북극 얼음 위에서 새끼들과 놀고 있어요.

해빙

북극해의 해빙은 두께가 1.8미터나 된답니다. 하지만 어떤 곳에서는 얼음이 덩어리로 켜켜이 눌러 쌓여 두 배 더 두꺼워지기도 해요!

해빙은 두꺼운 판 모양 얼음으로, 바다 위에 둥둥 떠다녀요.

한밤중에 뜨는 태양

북극과 남극 모두 두 개의 긴 계절이 있어요. 6개월 동안 지속되는 겨울에는 거의 하루 종일 어둡기만 해요. 여름에는 내내 밝고요. 태양이 결코 저물지 않고 그저 지평선에 걸쳐 있답니다. 이렇게 한밤중에 뜨는 태양을 심야 태양이라고 불러요.

남극

남극은 가장 추우면서도 건조하고 바람이 많이 부는 대륙이에요. 바람의 속도가 무려 시속 320킬로미터나 되지요. 너무나 건조하기 때문에 사막으로 분류된답니다. 이러한 환경 때문에 너무 춥다 보니 생물이 계속 살기 어려워요. 북극에는 사람들이 수천 년 동안 살았지만 남극에는 연구원이나 탐험가, 관광객 들이 잠깐 들렀다 갈 뿐이랍니다.

눈 괴물

전나무는 일본이 원산지예요.

마치 무서운 동화에서 튀어나온 듯, '눈 괴물' 혹은 '주효'라고 하는 것이 겨울이 될 때마다 일본 자오산 산비탈에 나타나요. 하지만 이 특이하게 생긴 괴물을 무서워할 필요는 없어요. 사실 눈에 덮인 전나무거든요.

전나무는 침엽수이기 때문에 겨울에도 잎이 떨어지지 않아요. 12월 말에서 3월 중순까지 몹시 추운 겨울바람이 북극 근처 시베리아에서 많은 눈과 얼음을 몰고 와요. 눈은 몇 미터나 쌓입니다. 게다가 바람도 너무 강해서 고드름이 거의 수평으로 생겨요. 나무는 눈과 얼음으로 층층이 쌓여 마치 커다랗고 기괴하게 생긴 눈 괴물 같은 모양이 되는 것이랍니다.

눈 괴물은 30미터 높이까지 쌓일 수 있어요.

눈과 얼음은 전나무를 땅 위에 우뚝 선 희한한 모양으로 만들어요.

빙하

빙하는 아래로 천천히 흘러가는 곳마다 풍경을 바꾸어요. 여기에 눈과 얼음이 더 쌓이면 빙하가 더 커져요.

빙하의 맨 앞을 발가락이라 불러요.

코끼리 발 빙하는 너비가 5.4킬로미터나 되어 우주에서도 보인답니다!

빙하는 천천히 흘러내리는 긴 얼음덩어리예요. 빙하가 만들어지기까지는 수천 년이 걸릴 수 있답니다. 오랜 시간에 걸쳐 눈이 층층이 쌓이면 서서히 압축되어 얼음이 되고 마침내 빙하가 되지요. 기후가 따듯해지면 빙하가 녹아요. 보통 바닥부터 위로, 맨 가장자리부터 차츰 위쪽으로 줄어들고는 해요. 일반적으로 낮은 층이 온도가 더 높으니까요. 그러나 추운 상태가 지속되면 빙하는 바다에 닿을 때까지 계속 아래로 내려갑니다.

그린란드에 있는 특별한 빙하를 코끼리 발 빙하라 부르는 이유는 정말로 코끼리 발처럼 생겼기 때문이에요. 이러한 종류의 빙하를 산록 빙하라 부릅니다. 산록 빙하는 가파른 계곡에서 온 얼음이 평평한 곳으로 흐르고 부채꼴로 넓게 퍼지며 만들어져요.

코끼리 발 빙하는 그린란드 북동쪽에 있어요.

해빙

빙산은 빙하에서 떨어져 나간 것이지만, 해빙은 그와 달리 바닷물로 만들어져요. 겨울에 북극과 남극의 바닷물이 얼면 얼음 결정이 바닷물 표면 위에 생깁니다. 물은 얼음 결정체가 되어 얼어 버리지만 소금은 얼지 않고 바닷속으로 가라앉아요. 한편, 민물로 이루어진 얼음 결정은 서로 모여 종이처럼 얇은 빙판을 만들지요. 빙판은 서서히 서로를 향해 겹쳐져서 두꺼운 얼음판을 만들어요. 이렇게 두꺼운 얼음판을 가리켜 유빙이라 부릅니다.

겨울에는 유빙이 움직이다가 서로 충돌하고 합쳐져 바다를 더 넓게 덮어요. 그래서 극지방의 해수면은 수십 킬로미터 밖에서 보면 파란색이 아니라 흰색으로 보인답니다. 흰색 표면은 거울처럼 태양열을 우주로 반사해요. 그 덕분에 바다 온도와 대기 온도를 고르게 유지하는 데 큰 도움이 되지요.

빙산이 육지에 붙어 있던 빙하에서 떨어져 나와요.

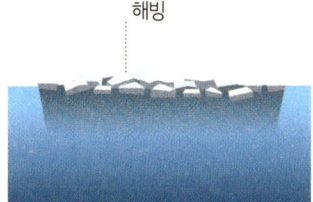

해빙은 바다에서 만들어집니다.

해빙은 물범과 바다코끼리, 그리고 극지방에 사는 여러 동물의 안식처가 되어 준답니다.

게잡이물범이 남극 해빙 위에서 쉬고 있어요.

줄무늬 빙산

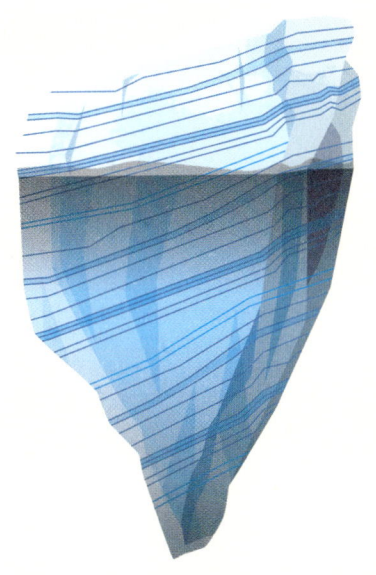

빙산 중 8분의 1만이 해수면 위로 올라온답니다. 나머지는 바닷속에 있어요.

이 웅장하고 거대한 빙산은 남극 북쪽에서 1,000킬로미터 떨어진 차가운 얼음 바다에서 어렴풋이 보여요. 빙산은 9미터 위로 뻗어 있고 전체 길이는 45미터나 된답니다. 하지만 이보다 더 놀라운 점은 빙산에 줄무늬가 있다는 거예요. 이 줄무늬들은 물이 얼음 사이에 갇혀 있다가 엄청나게 빠른 속도로 얼어서 생긴 거랍니다. 공기 방울을 만들 수 없을 정도로 아주 빠르게요. 그리고 작은 공기 방울들이 빛을 퍼뜨려서 대부분의 빙하가 하얗게 보이게 하는 거예요.

빙산은 민물로 이루어진 거대한 얼음덩어리인데, 빙하에서 떨어져 나와 바다 위를 자유롭게 떠다녀요. 이렇게 줄무늬가 있는 빙산을 말 그대로 줄무늬 빙산이라 부르는데, 파란색 빙하만 있는 것은 아니에요. 빙하가 암석이나 흙, 모래 위에서 내려가면 바닥에 먼지가 묻을 수 있지요. 그리고 빙산이 떨어질 때 흙먼지 때문에 갈색이나 노란색, 검은색 줄무늬가 보일 수도 있어요. 바다에 사는 미세 조류가 빙산 속에 얼면 초록색으로 보이겠지요.

줄무늬 빙산은 남아프리카공화국과 남극 사이에 있는 남극해에서 볼 수 있어요.

불순물이 섞이지 않은 파란 얼음은
바위처럼 단단하고 쉽사리 녹지 않아요.

파란 얼음

파란 얼음 속 작은 방울은 그 속에 갇힌 공기 때문에 하얗게 보여요.

무엇이든 꽁꽁 얼려 버리는 남극에 푸른 빛깔을 띤 빙하가 바다 위에 모습을 드러내요. 얼음이 파란색으로 보이는 데에는 이유가 있답니다. 눈이 층층이 쌓일 때 아래에 꽉 눌린 눈이 얼음으로 변하며 공기 방울을 밖으로 쥐어짜 내요. 하얀 얼음이 꽉 눌릴수록 더 파랗게 보인답니다.

얼음이 빨간색이나 초록색이 아닌 파란색인 이유는 빛이 이동하는 방식 때문에 그래요. 우리 주변의 공기처럼 무지개 일곱 빛깔이 모두 섞이면, 모든 색깔을 반사하기 때문에 하얗게 보여요. 그러니 빛이 공기 방울을 머금고 있는 얼음을 통과하면 모든 색깔을 반사하니까 하얗게 보이겠지요. 하지만 두껍게 꽉 찬 얼음에는 공기가 없어요. 그래서 파란색만 뺀 나머지 무지개 색을 흡수하게 됩니다. 빙산이나 빙하의 크기가 클수록 더 파랗게 보여요.

남극 웨들해의 파란 빙산 위에 턱끈펭귄 무리가 쉬고 있어요.

얼음 동굴의 기온은 1년 내내
섭씨 0도를 밑돌아요.

얼음 동굴

러시아 시베리아에 있는 바이칼호는 수많은 얼음 동굴의 보고예요. 바이칼호는 세계에서 가장 깊은 민물 호수이며 전 세계 민물의 20퍼센트를 가지고 있답니다.

겨울 햇빛을 받아 황홀하게 반짝이는 얼음 동굴은 사실 1년 내내 얼음을 머금고 있어요. 여름이 되거나 외부 기온이 따뜻하다 해도, 동굴 속 물은 여전히 얼음장처럼 차갑답니다. 찬 공기가 동굴 안에 갇혀 있고, 따뜻한 공기가 안으로 들어와서 얼음을 녹일 수 없어요.

얼음 동굴은 몇 가지 방법으로 만들어져요. 블루아이스 동굴과 같은 곳은 얼어붙은 호수 가장자리를 따라 만들어지는 바위 동굴에서 볼 수 있어요. 어떤 얼음 동굴은 한때 물로 가득했지만, 지금은 얼어 버려 방처럼 모양을 만들어요. 또 어떤 얼음 동굴은 용암이 만든 기다란 관 속에서 만들어지기도 해요. 이곳은 한때 화산 용암이 지나갔던 통로지요. 용암이 지나가고 나면 텅 빈 통로만 남아요. 그리고 나서 물이 그 통로로 흘러들어 얼어서 얼음 동굴이 생기는 거예요. 냉장고가 발명되기 전까지 사람들은 이 안에 음식을 차갑게 보관하고는 했어요.

블루아이스 동굴은 바이칼호에서 볼 수 있어요.
11월에서 3월 사이에는 두꺼운 얼음으로 덮여요.

폭포가 얼면 고드름과, 고드름에서 떨어진 물이 얼어 커지는 역고드름이 서로 만나 거대한 얼음 기둥으로 장관을 이루어요.

얼음 폭포

폭포가 어는 일은 드물어요. 하지만 폭포가 얼면 눈과 얼음으로 복잡하고도 아름다운 무늬를 만들지요. 느리게 흐르는 작은 개울이라면 더 쉽게 얼겠지만, 빠르게 흐르는 물도 얼 수 있어요. 특히 물이 흐르는 곳이 춥고 바람이 많이 분다면 과냉각 상태가 되어요. 이렇게 되면 흐르는 물의 온도가 어는점인 섭씨 0도 아래로 내려가 얼음으로 변한답니다.

아주 차가워진 물이 얼면 격류 결빙이라 부르는 작고 바늘 모양의 얼음덩어리로 단단해져요. 격류 결빙은 수면 위에서 얼음이 되는 것이 아니라 물속으로 가라앉아 물의 온도를 낮추고 얼음 결정이 더 커지게 만들지요. 얼음 한 층이 얼면 그 위에 또 얼음층이 쌓여 얼음 폭포가 되는 것이랍니다.

여기 보이는 장엄한 얼음 폭포는 캐나다 앨버타주 밴프 국립 공원의 존스턴캐니언에 있어요.

역대 가장 세찬 바람은 1996년 호주에서 관측되었어요.
무려 시속 407킬로미터였답니다.

공기

공기는 우리 주변 어디에나 있어요. 하지만 보통은 눈으로 볼 수 없지요. 그래도 바람으로 느낄 수 있고, 구름으로 볼 수도 있답니다. 비가 내리면 공기 중에 보이지 않던 수증기가 떨어져 우리를 적신다는 것을 알 수 있어요. 우리가 숨 쉬는 공기는 대기를 만드는 수많은 층 중 하나랍니다. 공기는 우리가 사는 지표면에 가장 가까운 대기권이에요. 우리가 살고 있는 층이며, 숨 쉴 때 필요한 산소가 풍부하답니다. 산소가 많지 않은 아주 높은 산에 올라가면 우리는 공기가 '희박'하다 말해요. 등산가들은 숨을 쉬기 위해 산소를 가져가야 할 때도 있어요.

비와 우박, 눈과 같은 대부분의 날씨는 이렇게 가장 낮은 층에서 일어나요. 맑은 날에는 하늘이 푸르고, 비가 오는 날에는 알록달록 무지개가 나타나겠지요. 비바람이 강하게 몰아치는 날에는 공기 사이로 전기가 휘감겨 오르며 번개가 번쩍이고 천둥 치는 소리가 들릴 거예요. 그리고 어떤 곳에서는 초록색과 파란색, 자주색 커튼이 쳐진 것 같은 오로라를 목격할 수도 있지요.

(맨 위에서부터 시계 방향으로) 아이슬란드 키르큐페들산맥에 있는 북극광 오로라, 남아메리카 티에라델푸에고 제도에서 바람에 깃발처럼 휘날리는 나무, 아르헨티나 아이스헤일로 현상, 미국 캔자스주의 토네이도.

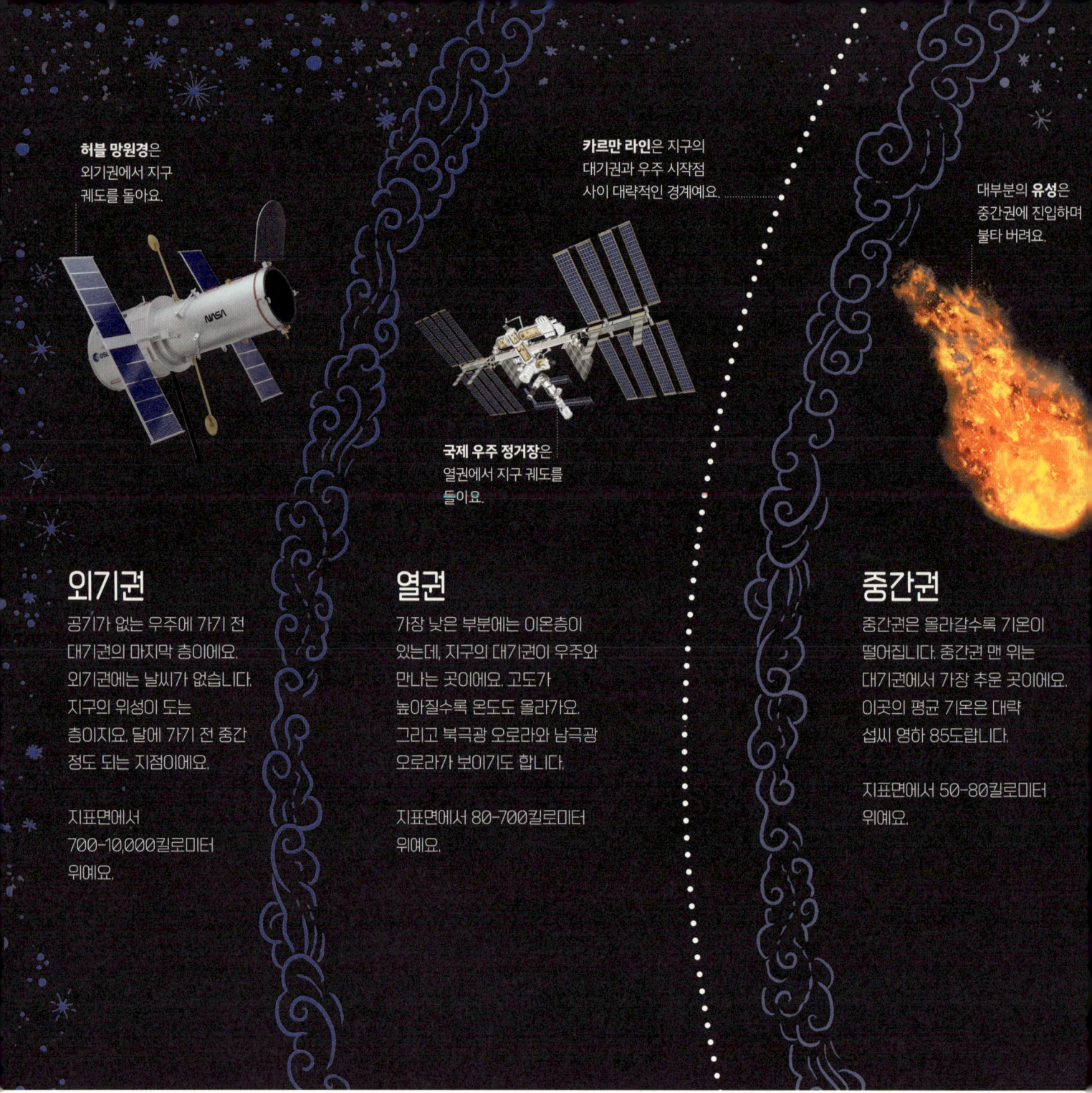

허블 망원경은 외기권에서 지구 궤도를 돌아요.

카르만 라인은 지구의 대기권과 우주 시작점 사이 대략적인 경계예요.

대부분의 **유성**은 중간권에 진입하며 불타 버려요.

국제 우주 정거장은 열권에서 지구 궤도를 돌아요.

외기권
공기가 없는 우주에 가기 전 대기권의 마지막 층이에요. 외기권에는 날씨가 없습니다. 지구의 위성이 도는 층이지요. 달에 가기 전 중간 정도 되는 지점이에요.

지표면에서 700-10,000킬로미터 위예요.

열권
가장 낮은 부분에는 이온층이 있는데, 지구의 대기권이 우주와 만나는 곳이에요. 고도가 높아질수록 온도도 올라가요. 그리고 북극광 오로라와 남극광 오로라가 보이기도 합니다.

지표면에서 80-700킬로미터 위예요.

중간권
중간권은 올라갈수록 기온이 떨어집니다. 중간권 맨 위는 대기권에서 가장 추운 곳이에요. 이곳의 평균 기온은 대략 섭씨 영하 85도랍니다.

지표면에서 50-80킬로미터 위예요.

지구의 대기

지구는 대기권이라고 부르는 가스층의 보호를 받아요. 대기는 태양으로부터 오는 해로운 빛을 막아 주며 지구의 온도를 일정하게 유지해 준답니다. 대기권은 다섯 개 층으로 이루어져 있어요. 대류권은 우리에게 가장 가깝고 숨 쉴 수 있는 공기가 있는 곳이랍니다.

성층권은 **제트기**가 날 수 있는 가장 높은 층이에요.

지구의 날씨는 대류권에서 일어나요. 우리가 자연스럽게 숨을 쉴 수 있는 유일한 층이랍니다. **열기구**는 대류권에서 날 수 있어요.

성층권

태양으로부터 오는 해로운 자외선을 막아 주는 오존층이 성층권에 있어요. 자외선 때문에 높이 올라갈수록 기온도 점점 올라간답니다.

지표면에서 12-50킬로미터 위예요.

대류권

대류권에서는 위로 올라갈수록 추워져요. 그 이유는 지구의 열 대부분이 태양열로 데워진 지표면에서 발생하기 때문이에요.

지표면에서 약 12킬로미터 위예요.

초창기의 대기

지구는 약 45억 년 전에 만들어졌어요. 지구가 처음 생기고 5억 년 동안 거대한 화산이 터져 수증기와 다른 여러 가스를 내뿜었지요. 이러한 활동으로 바다와 대기가 생겼어요.

화산은 상당히 많은 이산화 탄소를 내보내지만 산소는 거의 혹은 아예 없어요. 수증기도 생깁니다.

화산에서 나온 수증기는 지구의 온도가 내려가면서 응결됩니다. 그리고 마침내 바다가 생겨요.

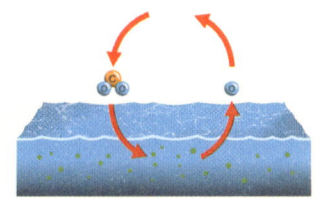

이산화 탄소가 바닷속에 녹아요. 그 후에 식물과 작은 유기물이 진화하여 이산화 탄소를 흡수하고 산소를 배출합니다.

오로라

오로라는 태양이 자신의 대기층으로 가스를 내뿜을 때 생겨요.

우주 비행사들은 지구 주위를 돌 때 오로라를 볼 수 있답니다.

밤이 되면 이상하고도 신기한 모양을 한 커튼이 하늘 위에서 움직이는 것을 볼 수 있어요. 이렇게 아름다운 불빛 쇼는 한 번에 약 30분 정도 계속되지요. 이를 오로라 또는 극지방에서만 보이기 때문에 극광이라 불러요. 북극에서 보이는 오로라는 북극광이라 부르고 남극에서는 남극광이라 부릅니다.

오로라는 태양이 폭풍을 일으키는 동안, 전기를 띤 가스 형태로 에너지를 내보낼 때 생겨요. 에너지가 지구 자기장의 북극과 남극으로 끌려가면 태양의 가스가 전기를 띤 채 지구의 대기권에 도달하는데, 이때 하늘에서 아름다운 오색 빛깔 무늬가 만들어지는 것이지요. 빨간색과 녹색은 산소가 만들고, 보라색과 파란색은 질소가 만듭니다.

노르웨이 로포텐에 있는 얼음 호수 위 하늘에 북극광 오로라가 빛나고 있어요.

뉴질랜드의 슬로프포인트에 있는 이 나무들은 똑바로 자라지 못해요. 바람이 항상 같은 곳에서 불어오기 때문이에요.

바람

따뜻한 공기가 솟아오르고 차가운 공기가 아래로 가라앉을 때 바람이 생겨요.

지구에서 바람이 가장 많이 부는 곳은 남극이에요. 최고 속도가 대략 시속 320킬로미터에 이른답니다.

공기는 한곳에서만 머무르려 하지 않아요. 그리고 바람이 끊임없이 공기를 움직이지요. 육지와 바다, 공기의 온도가 바뀌며 바람을 일으켜요. 공기가 따뜻해지면 위로 올라가고 차가워지면 아래로 가라앉아서 따뜻한 공기 밑으로 파고들어요. 여러분이 밖에 있으면 얼굴로 살랑살랑 불어오는 바람을 느낄 수 있을 거예요. 바람이 더 세차게 휙 불어온다면 연을 날리고 싶다는 생각이 들지도 모르지요.

바람은 구름을 움직이고 비와 눈을 몰고 와요. 거센 바람은 폭풍을 일으키거나 심지어 토네이도와 허리케인을 만들 수도 있어요. 뉴질랜드의 남쪽 끝에 있는 슬로프포인트와 같이 어떤 지역에서는 바람이 너무 세게 끊임없이 불어와 나무의 모양까지 바꾼답니다. 슬로프포인트에 있는 나무들은 바람 때문에 한 방향으로만 자라요.

구름은 하늘 위로 솟아오른 수증기가 식으면서 만들어져요. 차가운 공기는 따뜻한 공기만큼 수분을 머금을 수 없기 때문에, 수증기가 응결하여 구름이 생기는 것이지요.

구름

구름은 모양과 크기가 가지각색이에요. 그리고 보통 지구의 대기 중에 가장 낮은 곳, 즉 대류권에서 만들어지지요. 구름은 땅 위에서 얼마나 높은 곳에 있는지, 그리고 바람이 어떻게 부는지에 따라 다르게 보여요. 야광구름처럼 높은 곳에 있는 구름은 따뜻한 여름 해가 지고 나서 나타나고, 분홍빛 자개구름은 극지방에서만 보인답니다. 중산층에서 울룩불룩한 돌기가 축 늘어진 듯 보이는 유방구름은 곧 천둥이 칠 것이라는 징조예요. 그리고 역시 중간층에서 팬케이크가 겹겹이 쌓인 것처럼 보이는 렌즈 모양 구름은 산이 많은 지역 근처에서 볼 수 있어요. 좀 더 낮은 하늘에서는 파도가 일어나는 것 같은 물결구름뿐만 아니라 하얗고 폭신폭신한 층쌘구름도 흔히 볼 수 있답니다.

렌즈구름은 한때 비행접시로 오해를 받고는 했어요!

(왼쪽에서 오른쪽, 위에서 아래로) 반짝이는 야광구름, 알록달록한 자개구름, 둥글둥글 유방구름, 팬케이크 모양의 렌즈구름, 물결치는 물결구름, 폭신한 느낌의 층쌘구름.

폭풍 구름

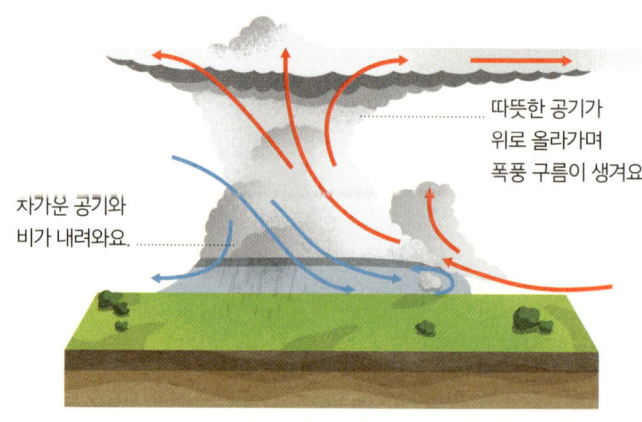

따뜻한 공기가 위로 올라가며 폭풍 구름이 생겨요.

차가운 공기와 비가 내려와요.

유방구름은 햇빛에 비칠 때 가장 선명하게 보여요. 울룩불룩한 모양은 구름 아래 약 0.5킬로미터 아래까지 매달려 있어요.

쌘비구름(적란운)은 구름의 왕이라는 별명을 가지고 있어요. 하늘 위로 높이 솟아오르는 거대한 탑처럼 생겼거든요. 이 구름은 먹구름으로, 비와 우박, 천둥, 번개를 만들 수 있는 유일한 구름이에요.

대개 쌘비구름의 바닥은 평평하지만, 바닥에 물이 가득 들어 있는 풍선 모양이 생기기도 해요. 무겁고 둥그런 모양의 이 풍선 모양 구름을 유방구름이라 불러요. 유방구름에 물이 너무 차 있어 무거워지면 비가 되어 내리고 천둥 번개가 친답니다.

유방구름에 달려 있는 물주머니는 지름이 최대 3킬로미터나 되어요.

비

태양이 호수와 바다에 있는 물을 따뜻하게 데워요. 그러면 물은 증발하여 수증기가 되어 공기 중으로 올라간답니다.

수증기가 차가워지면 물방울로 응결하여 구름이 되고, 수증기가 어느 정도 차오르면 비가 되어 내려요.

지구의 표면 대부분은 물로 덮여 있어요. 하지만 바닷물은 우리가 마실 수 없지요. 그래서 비에서 나온 민물은 지구의 생명이 살아가는 데 아주 중요해요. 빗물이 강과 호수를 채우고 식물과 동물이 살아가게 해 준답니다.

따뜻한 기후에서는 작은 물방울이 구름에 모일 때 비가 내려요. 물방울이 어느 정도 커지면 비가 되어 땅으로 떨어지는 것이죠. 작은 물방울은 큰 물방울보다 느리게 떨어져요. 물방울이 0.5밀리미터보다 작으면 보슬비가 되어 내려요. 어떤 보슬비는 너무 느려서 땅에 닿기도 전에 증발해 버린답니다. 그보다 추운 기후에서는 구름 속 얼음 결정이 서로 뭉쳐 눈송이가 되어요. 눈송이도 녹아서 비로 내릴 수 있지요. 비가 적게 내리면 가뭄이 올 수 있어요. 하지만 너무 많이 오면 특히 평평하고 낮은 지역에서 홍수가 일어날 수 있어요.

비가 땅에 닿을 때까지 약 2분 정도 걸려요.

영국 린디스판섬 근처 북해에서 만들어진 버섯 모양 구름이에요. 사진에서는 버섯 모양 구름에서 폭우가 쏟아지고 있어요.

토네이도 안에 있던 따뜻한 공기가 빙글빙글 돌면서 올라가면 아래로 내려가는 차가운 공기와 만나요.

토네이도는 최대 높이 1.6킬로미터까지 커질 수 있답니다.

토네이도

회오리바람이나 돌개바람이라고도 불리는 토네이도는 강력한 바람이 빙글빙글 돌면서 주변을 초토화할 수 있어요. 강한 토네이도는 먼지와 쓰레기, 나무, 자동차를 들어 올릴 수 있고 심지어 집의 지붕까지 뜯어낼 수 있답니다. 이 빙빙 도는 바람의 속도는 최대 시속이 500킬로미터에 영향 범위도 지름 3킬로미터 이상에 이를 수 있고, 100킬로미터 넘게 땅 위를 이동할 수 있어요.

토네이도는 보통 폭풍우가 일어날 때 생겨요. 먹구름 속에서 따뜻하고 축축한 공기가 올라가서, 비와 우박이 되어 떨어지는 차가운 구름과 만나지요. 따뜻한 공기와 차가운 공기가 서로를 비껴가려다 원 모양으로 빙글빙글 돌아가요. 회전하는 기류가 위로 올라갔다가 다시 떨어져 구름과 만나 땅으로 내려온다면 깔때기 모양 토네이도가 만들어집니다.

토네이도는 여기 미국 콜로라도주에서 보이는 것처럼 평평한 곳에서 광활하게 퍼져 나가요.

세계에서 안개가 가장 짙게 끼는 곳은 캐나다의 그랜드뱅크스예요.
이곳은 1년 중 안개가 끼는 날이 200일이 넘는답니다.

안개

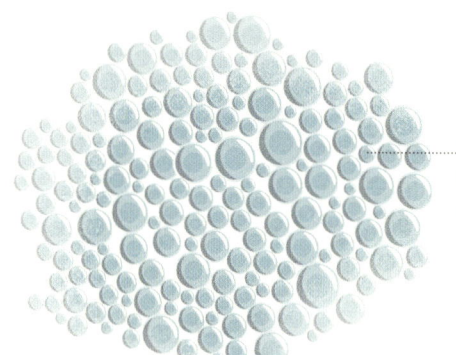

안개는 작은 물방울이 수도 없이 많이 모여 만들어져요.

안개 속을 거닐 때 마치 구름을 통과하는 것 같다고 느낀 적 없나요? 육지의 안개는 정말로 땅에 닿아 있는 구름이에요. 공기는 보통 수증기를 어느 정도 머금고 있지만, 기체이기 때문에 우리 눈에는 보이지 않아요. 수증기가 많아 습도가 높아지면 우리는 축축하다 느끼지요. 저녁에 따스하고 축축한 공기가 차가운 땅과 만나 온도가 내려가면 수증기는 물방울로 바뀌어요. 그리고 이 작은 물방울이 많이 모이면 안개가 되어 여러분의 눈에도 보이게 되는 거랍니다.

육지의 안개는 아침에 생겨요. 주로 비바람이 불지 않는 골짜기나 지대가 낮고 평평한 곳에 생기지요. 아침 안개는 금세 사라져요. 햇빛에 데워진 안개는 바람에 실려 사라지거나 비에 씻겨 내려갑니다.

뉴질랜드 호크스베이에 있는 테마타봉 아래 계곡에 안개가 자욱하게 깔려 있어요.

우박

단단한 얼음으로 이루어진 우박은 먹구름 맨 위에 있던 물이 얼 때 생겨요. 바람에 공기가 위로 밀려 올라가는 현상을 상승 기류, 내려가는 현상을 하강 기류라고 부르는데, 이 과정이 계속 반복해서 일어나요. 물방울이 구름 속에서 위아래로 움직일 때마다 다른 얼음이 겹겹이 싸여 우박의 크기가 점점 커집니다. 얼음으로 이루어진 층은 흐릿할 수도 있고 투명할 수도 있어요. 빠르게 얼면 새롭게 쌓인 얼음층은 흐릿할 수밖에 없어요. 공기 방울이 생길 틈을 주지 않으니까요. 천천히 얼면 얼음층은 거의 대부분 투명해집니다.

우박은 상승 기류가 붙잡을 수 없을 정도로 커지면 아래로 떨어져요. 너무 빨리 떨어지면 다 녹기도 전에 덩어리진 채 떨어지지요. 대부분의 우박은 크기가 완두콩만하고 시속 16킬로미터 정도의 속도로 떨어져요. 하지만 크기도 더 크고 더 빠르게 떨어지는 것도 있답니다.

**포도알 크기의 우박은
시속 160킬로미터 속도로 떨어지기도 해요.**

우박을 확대해 보면 투명한 공기 방울이 있는 얼음층이 가운데 흐릿한 부분을 둘러싸고 있어요.

얼음 폭풍

얼음은 비가 섞인 눈보다 10배 더 무겁답니다.

다른 폭풍과는 달리 얼음 폭풍은 이상할 정도로 조용해요. 그래도 큰 피해를 입힐 수 있어요. 얼음 폭풍이 내려오면 아주 차가운 비가 모든 것을 가만히 덮어서 은백색 막을 입혀요. 마치 투명한 유약을 바른 것처럼요. 비가 얼지 않고 과냉각되었다가 나무나 금속 전선 같이 더 차가운 물체에 닿으면 얇은 얼음층을 만들며 얼어 버려요.

여기에 얼음층이 켜켜이 쌓이면 얼음이 너무 무거워져서 많은 피해를 줄 수 있어요. 보기에는 예쁜 것 같지만 나무와 나뭇가지 들을 뚝 끊어 버리지요. 전선도 망가질 수 있어서 사람들이 난방이나 전기를 쓰지 못하게 돼요. 최악의 얼음 폭풍 중 하나는 1964년 겨울 미국 뉴욕에서 일어났던 것이었는데, 당시에 얼음이 4센티미터 두께로 얼었답니다.

얼음 폭풍이 지나간 후 얼어 버린 들꽃이에요.

눈송이

눈송이는 땅에 떨어질 때 흰색으로 보이지만 사실 색깔이 없답니다.

여섯 개의 복잡한 무늬로 갈라진 대형 눈송이는 얼음 구름에서 만들어져요.

여섯 갈래로 단순하게 갈라진 작은 눈송이는 차가운 구름에서 생겨요.

같은 모양을 한 눈송이는
단 한 개도 없답니다.

기온이 어느 정도까지 내려가면, 여러분 머리 위 저 높이 떠 있는 구름 속 물방울은 얼어서 얼음 결정을 만듭니다. 이 얼음 결정은 서로 달라붙고 점점 커져요. 그러다 너무 커져서 무거워지면 눈송이가 되어 구름에서 내려온답니다.

맨눈으로 보면 눈송이는 하얗고 보송보송한 부스러기처럼 보여요. 하지만 현미경으로 보면 눈송이마다 각기 다른 무늬라는 것을 알게 되지요. 눈송이는 모두 작은 육각형에서 시작해 여섯 갈래로 갈라져요. 하지만 땅으로 떨어지는 길은 각기 달라요. 통과하는 온도도 다르고, 공기 중에 머금고 있는 수분량도 다르기 때문이죠. 이러한 여행을 통해 눈송이의 마지막 모양이 결정되는 거랍니다.

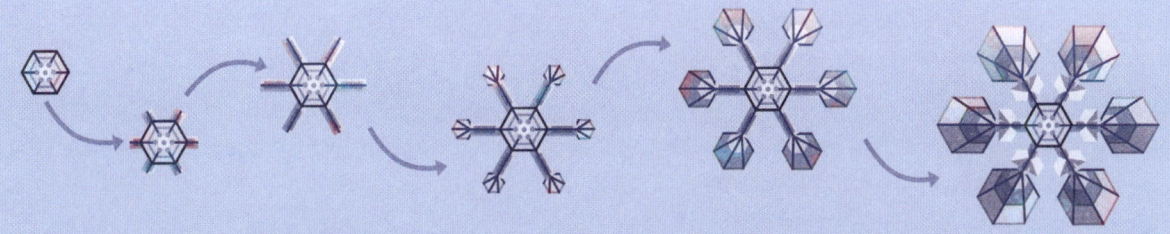

무지개가 생기는 원리를 가장 처음 알아낸 사람은
영국의 과학자 아이작 뉴턴이에요.

무지개

무지개의 구부러진 띠를 '호'라고 불러요.

하늘에 뜬 무지개를 보며 왜 저기에 있을까 궁금해한 적이 있나요? 비구름이 떴는데 동시에 햇빛이 비치는 모습을 본 적이 있을 거예요. 태양에서 온 빛이 비구름이나 폭포, 바다의 물보라 등 물방울 사이에서 빛날 때 무지개가 생겨요.

햇빛은 여러 파장의 빛으로 이루어졌어요. 파장마다 색깔이 다른데, 한꺼번에 섞이면 햇빛이 하얗게 돼요. 햇빛이 빗방울 사이를 통과할 때 마치 유리를 통과하듯 구부러지고 무지개에서 볼 수 있는 일곱 빛깔로 분리됩니다. 색깔은 항상 호의 바깥에서 순서대로 빨간색, 주황색, 노란색, 초록색, 파란색, 남색, 보라색 순서예요.

무지개를 볼 때 태양은 항상 여러분 뒤에 있고 비는 앞에 있어요. 사진에 보이는 아름다운 무지개는 남극 근처에 있는 사우스조지아섬의 산 너머 남대서양에 떠오르는 모습이에요.

햇무리

햇무리는 사실 모두 완벽한 원 모양을 이루지만, 그중에 절반만 보여요. 나머지는 지평선에 가려지기 때문이지요.

무지개 말고 하늘 위에 또 다른 활 모양의 무언가가 빛난다는 것을 알고 있나요? 안개무지개는 빛이 안개 속에 있던 작은 물방울 사이로 퍼져 나갈 때 생겨요. 보통 하늘에서 하얀색이나 아주 희미한 색으로 보이지요. 그 이유는 무지개와 달리 안개 속 물방울이 햇빛을 굴절시켜 색을 선명하게 분리하기에는 크기가 너무 작기 때문이에요. 햇무리(얼음무지개)는 햇빛이 하늘에 있는 얼음 결정에 반사되어 흰색 혹은 알록달록 햇무리 또는 원 모양 햇무리를 만들어요. 달무지개는 조금 달라요. 물방울 위에서 빛나는 달빛으로 만들어지고, 밤에만 발생합니다.

달무지개는 그리스의 철학자인 아리스토텔레스가 기원전 350년에 처음 관측했어요.

(위에서 아래로) 노르웨이 스발바르의 안개무지개가 해빙 위에서 빛나는 모습. 독일 작센의 겨울 햇무리. 달 주변에 뜬 두 겹 달무지개.

끊임없는 폭풍

카타툼보 번개에서 일어난 전기 에너지는
전구 1억 개를 켜고도 남아요.

베네수엘라의 마카라이보 호수에 해가 떨어지면, 별안간 번쩍이는 빛이 하늘을 밝히고 밤을 낮으로 뒤바꾸어 놓아요. 그런 일이 거듭거듭 이어지지요. 이것을 카타툼보 번개라고 해요. '카타툼보'는 근처 호수에 사는 바리인들의 언어로 '천둥의 집'이라는 뜻이에요. 카타툼보강 어귀의 마카라이보호에 떨어지는 번개는 1분에 약 스물여덟 번 치고, 9시간이나 계속됩니다.

이렇게 이상한 현상이 일어나는 이유는 호수의 위치가 특이하기 때문이에요. 마카라이보호는 산에 둘러싸여 있고, 좁은 해협을 거쳐 카리브해로 이어져 있어요. 밤새도록 거센 바람이 휙 불어오면, 바다와 호수 위 따뜻한 공기를 위로 들어올립니다. 이 따뜻한 공기가 하늘의 차가운 공기와 충돌하여 번개를 일으킵니다. 해가 떠오르면 하루가 시작된다는 의미이고 모든 것이 고요하고 조용해져요. 하지만 그다음 번개 폭풍이 칠 때까지만이랍니다.

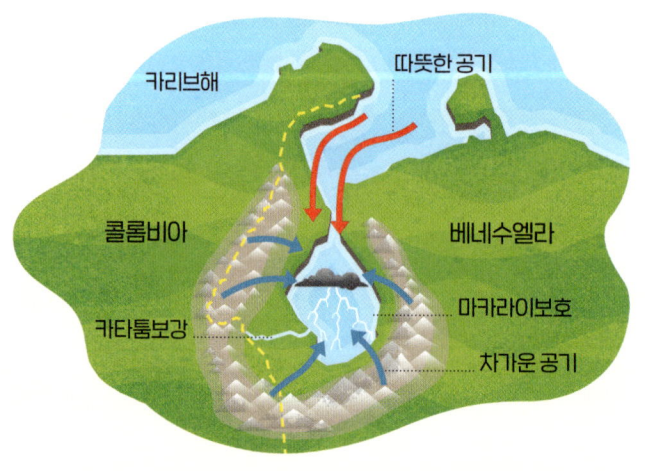

카타툼보 번개는 '마라카이보 등대'라고도 불렸어요. 선원들이 번개로 항로를 찾곤 했거든요.

다각형 모양 진흙 블록은
대개 오각형이나 육각형이에요.

지구에서 가장 오래된 건열은
10억 년 전에 만들어졌답니다.

건열

비가 아주아주 오랫동안 오지 않으면 가뭄이 생겨요. 호수와 강, 개울에 물이 거의 없으면 완전히 말라 버리지요. 어떤 곳에서는 마실 물이 부족해져요. 사람들은 저수지라 부르는 인공 호수를 만들어 물을 저장하지요. 그리고 저수지조차 말라 버리면 집에서 쓸 수 있는 물이 부족해지고 맙니다. 식물도 말라서 죽을 수 있어요.

아주 덥고 건조한 날씨에서는 젖은 땅이 말라서 갈라지고 건열을 만듭니다. 쩍쩍 갈라진 땅은 진기한 다각형을 이루어요. 건열은 지표면에서부터 아래쪽으로 마르기 때문에, 위는 넓고 아래는 얇아요. 지질학자들은 이 특징을 이용해 암석의 나이를 알아내요. 건열 맨 위에 있는 것이 나이가 더 적고 아래에 있는 것은 나이가 더 많은 셈이니까요.

튀르키예의 부르두르호에 바짝 말라서
갈라져 버린 바닥이에요.

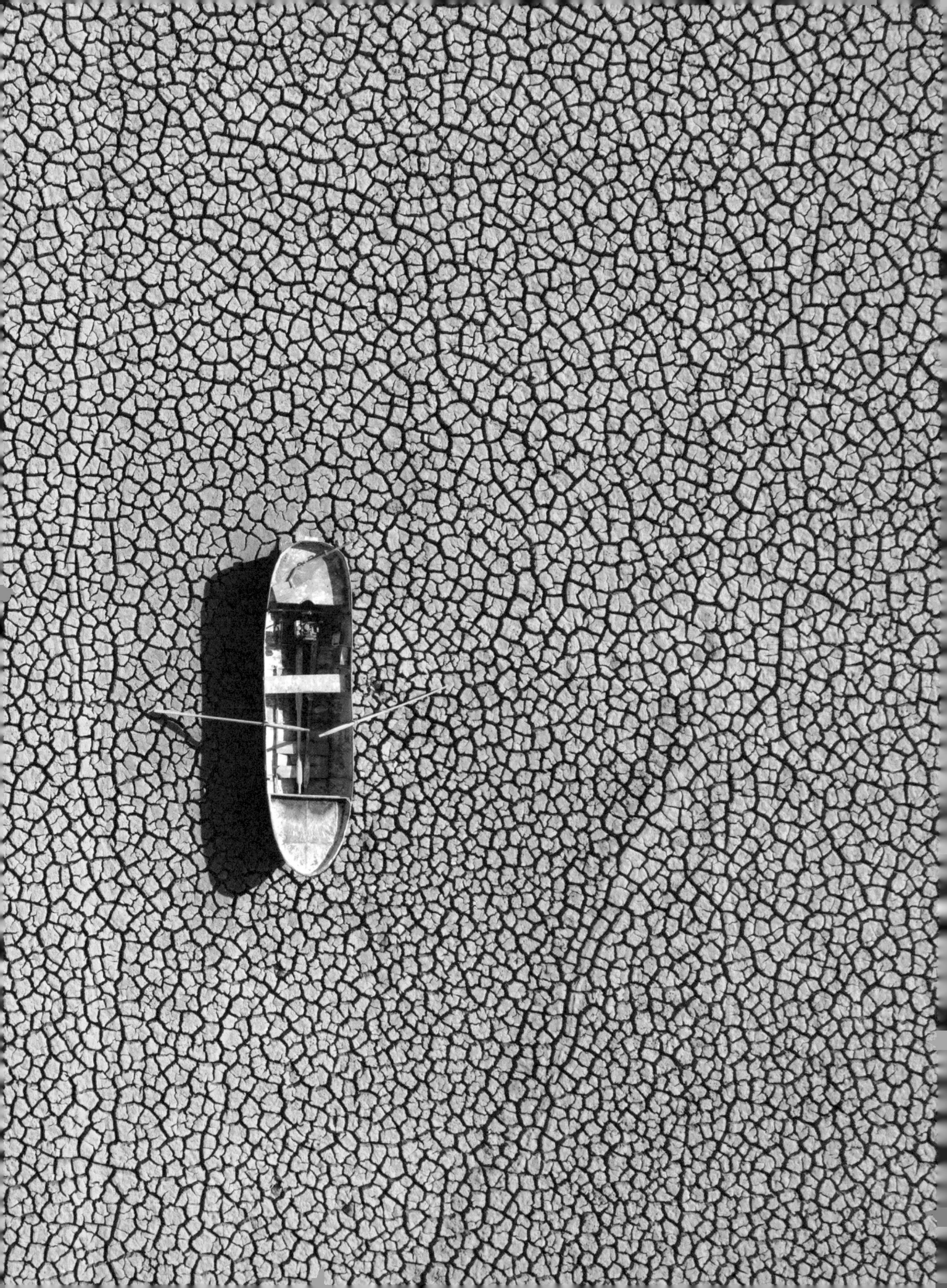

다양한 지역의 다양한 풍경

지구의 북쪽 끝에서 남쪽으로 여행을 한다면 매우 다양한 풍경과 기후를 마주하게 될 거예요. 북극점이 있는 북극 지역에서는 금방이라도 얼어 버릴 것 같은 날씨를 맛볼 테지요. 적도가 있는 방향으로 여행할수록 날씨는 점점 더워지고 풍경도 바뀝니다. 이곳에서는 풀밭과 키 작은 관목, 나무, 그리고 온대성 나무와 열대성 나무를 볼 수 있어요. 늪과 습지, 더 나아가 바다를 개간한 땅도 볼 수 있을 거예요.

풍경의 변화는 식물이 변하는 것만 뜻하는 것은 아니에요. 가는 길마다 산과 사막, 언덕, 계곡도 보게 될 거예요. 지구의 남쪽으로 갈수록 다시 추워지고 남극의 얼음 세계로 갈 때까지 풍경이 또 바뀔 거예요. 날씨는 풍경을 바꾸어요. 풍화와 침식으로 산이 깎여 내려가고, 암석이 부서지고, 그렇게 부서진 돌멩이들은 계곡을 따라 바다로 내려가지요.

사막의 풍경도 북아프리카의 사하라 사막처럼 사구(모래 언덕)가 있는가 하면, 미국 모하비 사막의 선인장 숲처럼 무척이나 다양하답니다.

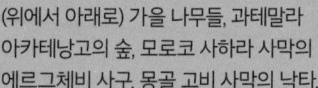
(위에서 아래로) 가을 나무들, 과테말라 아카테낭고의 숲, 모로코 사하라 사막의 에르그체비 사구, 몽골 고비 사막의 낙타.

지구의 식물과 동물의
종 절반 이상이
열대 우림에 있답니다.

산악
산은 춥고 바람이 많이 불어요. 그리고 가파르고 암석이 많은 곳도 있지요. 산 정상으로 갈수록 더 추워지고 바람도 거세져요.

극지방
북극과 남극은 지구에서 가장 추운 곳이며 대개 얼음으로 덮여 있어요. 여기에서 자라는 식물은 거의 없어요.

생물군계

지구는 비슷한 기후와 초목으로 지역을 나누어요. 각기 다른 지역에서 특정 식물과 동물이 사는 것이죠. 이것을 생물군계 또는 서식지라 부릅니다. 지구는 건조한 사막부터 비옥한 열대 우림까지 열 가지 생물군계로 나뉘어요.

 산악
 극지방
 툰드라
 타이가
 사막
 열대 우림
 열대 초원
 지중해
 온대 초원
 온대림

온대림
온대림에서는 사계절이 뚜렷하고 기후가 온화해요. 이곳에서는 떡갈나무 같은 낙엽수가 자라요. 겨울이 되면 나뭇잎이 다 떨어지지요.

온대 초원
북아메리카에서는 프레리, 남아메리카에서는 팜파스라 부르고 아시아에서는 스텝이라 불러요. 풀과 관목이 많아요.

툰드라
툰드라의 땅은 1년 대부분이 영구 동토층으로 단단히 얼어 있어요. 이곳에서는 추위에 강한 관목과 풀, 이끼가 자라요.

타이가
추운 타이가(아한대) 숲의 겨울은 길고 여름은 짧아요. 이곳에 자라는 침엽수는 넓은 잎사귀 대신 바늘처럼 뾰족한 잎을 가지고 있답니다.

사막
건조한 사막에서는 식물과 동물이 거의 없어요. 어떤 곳은 너무 덥고 햇빛이 쨍쨍하지만, 남극 사막처럼 추운 곳도 있답니다.

열대 우림
열대 우림은 덥고 습도가 높아요. 비가 거의 매일 내리기 때문에 나무가 쑥쑥 자란답니다.

지중해
이곳은 해양성 생물군계로, 여름에는 뜨겁고 건조하며 겨울은 따뜻하고 비가 많이 와요. 주로 숲과 관목지(키 작은 나무가 많은 땅)로 이루어졌답니다.

열대 초원
사바나라고도 불리는 열대 초원은 건조한 초원인데, 나무가 거의 없고 길고 짧은 풀로 덮여 있어요.

177

뜨거운 사막

뜨겁고 건조한 사막에서
오아시스는 생명줄이나 다름없어요.
오아시스에서 나오는 물로 식물이
자라고 동물이 목을 축인답니다.

사하라 사막은 아프리카의 3분의 1을 차지해요.

이름에서도 알 수 있듯이 사막은 건조할 뿐만 아니라 매우 뜨거워요. 한낮 기온이 섭씨 40도에 이를 정도로 타는 듯이 더워요. 하지만 밤에는 기온이 곤두박질쳐요. 섭씨 0도 아래로 내려갈 정도로 추워진답니다.

뜨거운 사막 대부분은 지구 한가운데를 긋는 가상의 선인 적도보다 약간 위쪽에 있어요. 사하라 사막은 그중에서도 가장 크답니다. 아프리카 전체를 가로지를 정도예요. 아프리카는 가장 작은 사막이 있는 곳이기도 해요. 바로 나미브 사막이랍니다. 아마도 뜨거운 사막에는 모래와 사구(모래 언덕)밖에 없다고 생각할 테지만, 산과 골짜기가 있는 곳도 있고, 커다란 바위나 작은 암석으로 뒤덮인 곳도 있어요. 그리고 황량한 모래와 암석 밭을 지나가는 사이에 초록빛의 비옥한 오아시스가 여행객을 반길지도 몰라요.

단봉낙타가 북아프리카 사하라 사막에 있는 에르그체비 사구에 서 있어요. 사구는 바람에 날린 모래 알갱이가 켜켜이 쌓여 만들어진답니다.

추운 사막

삭사울이라 부르는 작은 나무는 고비 사막에 살아요. 삭사울의 나무줄기와 나뭇가지는 바람이 불어오는 방향에 따라 구부러져 있기도 합니다.

어쩌면 놀라울지도 모르겠지만, 모든 사막이 뜨겁지는 않아요. 사실 세계에서 가장 큰 사막은 추워요. 남극에 있거든요. 게다가 이곳에는 모래가 없어요. 사막은 1년 중 강수량이 25센티미터 이하인 곳을 말해요. 북극의 북극점과 남극의 남극점이 이 조건에 들어맞는답니다.

또 다른 거대한 추운 사막이라면 중앙아시아의 고비 사막을 들 수 있어요. 고비 사막에는 모래가 있기 때문에 북극과 남극의 사막과는 조금 다르지요. 그렇다고는 해도 모래보다는 암석이 훨씬 많아요. 고비 사막의 가장 놀라운 특징 중에 하나는 홍고린엘스라 불리는 곳이에요. 이곳은 100킬로미터가량 뻗어 있는 눈 덮인 사구인데 높이가 300미터에 이른답니다.

홍고린엘스는 '노래하는 모래'라고도 불려요.
바람이 사구를 지날 때 소리가 나기 때문이에요.

쌍봉낙타는 혹독한 고비 사막에서도 살 수 있는 몇 안 되는 동물이에요.

이집트 파라프라에 있는 하얀 사막인 사하라엘베이다에는 흰 석영 사암이나 흰 석회암으로 이루어진 버섯 모양 바위를 볼 수 있어요.

세계에서 가장 큰 버섯바위는 미국 캔자스주에 있는데,
너비가 약 8미터예요.

버섯바위

사막에 부는 바람은 바위를 다양한 모양으로 깎아요. / 뾰족 바위 / 아치형 바위 / 평평한 언덕 바위

좀 이상하다는 생각이 들겠지만, 수백만 년 전 이집트의 사하라엘베이다는 해저였어요. 그러다 바다가 말라 사라지자, 수많은 바다 생물들이 탄산 칼슘으로 바뀌어 딱딱해지고 석회화되었지요. 이렇게 해서 허연 석회암이 광활하게 펼쳐진 하얀 사막이 탄생했답니다.

사막의 바람은 모래를 많이 몰고 와요. 바람이 오랫동안 끊임없이 불어와 암석을 마구 때리고, 그 결과 버섯바위와 같은 희한한 모양의 바위를 만들었지요. 바위가 버섯 모양으로 된 이유는 바닥 근처에 있는 무른 암석이 위에 있는 딱딱한 암석보다 더 쉽게 풍화되기 때문이에요.

석류석 모래(금강사)

모래 해변은 파도가 잔잔하고 외부의 영향을 적게 받는 만에서 주로 만들어집니다. 모래 해변의 모래는 서서히 쌓여 쉽게 떠내려가지 않아요.

모래

모래를 생각해 보면 아마도 해변이나 사막에서 볼 수 있는 금빛 '알갱이'를 떠올릴 거예요. 이러한 종류의 모래는 둥그런 석영 알갱이로 이루어져 있답니다. 하지만 모래는 암석의 종류와 그 안에 들어 있는 광물의 색깔에 따라 매우 다양해질 수 있어요. 예를 들어 검은색 화산 현무암은 검은 모래를 만들고, 감람석이라는 광물이 들어 있으면 모래가 녹색을 띤답니다. 인도와 스페인에서는 변성암에 들어 있던 붉은 석류석으로 만들어진 붉은 모래사장을 볼 수 있어요. 아름답고 하얀 모래사장은 대부분 산호와 조개껍데기가 부서져서 만들어졌지만, 하와이의 백사장은 파랑비늘돔의 똥으로 이루어졌답니다.

광물질 모래

조개껍데기 모래

화산 모래

사막 모래

감람석 모래

직경 0.06-2밀리미터 정도의 암석 알갱이를 모래로 분류해요.

카르스트 지형

빗물이 무른 석회암 사이로 스며들면 석회암은 빗물에 녹아 차츰 닳아 없어져요.

물이 더 많이 고일수록 틈이 더 넓게 벌어지고, 지하에 강과 동굴이 생겨요.

동굴의 지붕이 무너지고, 해수면이 올라오며 지형을 침식해요. 그 결과 탑 모양의 암석이 됩니다.

석회암 언덕과 계곡, 평야로 이루어진 특이한 지형이 있어요. 이런 곳을 유럽 슬로베니아와 이탈리아에 걸쳐 있는 카르스트 고원의 이름을 따서 카르스트라고 불러요. 하지만 세계에서 가장 넓고 매력적인 카르스트 지형은 남아시아와 중국 남부에 있답니다. 이곳에는 뾰족뾰족한 석회암 언덕이 논과 물에 둘러싸여 있어요.

카르스트 지형이 특이한 이유는, 무른 성질을 지닌 석회암이 날씨에 따라 모양이 쉽게 변하고 멋진 암석을 만들어 내기 때문이에요. 빗물은 무른 석회암에 난 틈 어디에나 스며들고 점차 암석을 녹여 풍화를 일으킵니다. 이렇게 해서 지표면에 땅꺼짐(싱크홀)이라 부르는 구멍을 내요. 그러면 물은 더 깊이 스며들고 지하에 강과 동굴을 만들지요. 때로 사람들은 물이 가득 찬 땅꺼짐이나 동굴 웅덩이, 지하에 흐르는 개울에서 수영을 즐기기도 해요.

중국 남부에 있는 카르스트 지형은 최소 2억 5000만 년 전에 생겼어요.

중국 남부 지방의 광시 좡족 자치구에 어렴풋이 보이는 카르스트 언덕

사바나

지구에는 너무 덥고 건조해서 초록빛 숲이 풍성하게 자랄 수 없는 곳이 있어요. 그래도 비는 어느 정도 내려서 사막이 되지 않게 해 주지만요. 바로 이곳 열대 초원, 사바나예요. 사바나에는 풀이 대부분이고 관목과 나무가 간간이 박혀 있어요. 날씨는 대체로 따뜻하고 건조하지만 비가 많이 오는 우기도 있어요. 전 세계의 열대 지방 어디에나 사바나가 있지만 그중에서도 아프리카에 가장 많아요.

아프리카의 사바나는 기린과 얼룩말, 코끼리, 가젤과 같은 동물들의 소중한 보금자리예요. '딕딕'이라 불리는 아프리카산 작은 영양도 있는데, 암컷이 '딕-딕'이라는 소리를 내서 이런 이름이 붙었어요.

딕딕은 아프리카의 동부와 남부 초원에 살아요.

아프리카 대륙의 거의 절반이 사바나 초원으로 뒤덮여 있습니다.

사진에서 얼룩말이 사바나 초원의 풀을 뜯고 있어요. 주변에 높다란 아카시아 나무가 보이는군요.

'온대'는 '온화한 기후 지역'이라는 뜻이에요.

온대림

겨울에는 눈이 내리고, 봄에는 꽃이 활짝 펴요. 여름에 초록색으로 아름답게 빛나던 잎사귀는 여름에 금빛으로 옷을 갈아입지요. 온대림은 계절에 따라 모습이 바뀌어요. 온대림에서는 낙엽수가 자라 해마다 나뭇잎이 떨어져요. 온대림은 너무 뜨겁지도, 너무 춥지도 않아요. 왜냐하면 이곳은 지구에서 적도와 극지방 가운데 즈음에 있기 때문이지요. 여름에는 따뜻하고 겨울에는 너무 춥지 않으며, 비도 많이 오기 때문에 이곳에서는 다양한 식물이 자라요.

상수리나무와 물푸레나무, 너도밤나무 아래에서는 양치식물과 이끼가 자라고, 봄이 되면 땅은 블루벨꽃으로 뒤덮여요. 가을에는 사람들이 버섯을 찾아 땅을 구석구석 살펴보지요.

미국 뉴햄프셔주에 있는 화이트산맥의 가을 풍경이에요. 나무들이 빨간색, 갈색, 주황색 나뭇잎을 뽐내고 있네요.

무지개 유칼립투스는
1년에 1미터씩 자랄 수 있어요.

무지개 유칼립투스

무지개 유칼립투스는
인도네시아와 파푸아뉴기니,
필리핀의 열대 우림에서 자라요.

아름다운 무지개 유칼립투스는 열대 우림에서만 자라는 유칼립투스 나무예요. 성장 속도가 매우 빠른데, 20층 건물 높이와 비슷한 최대 75미터까지 자랄 수 있답니다.

무지개 유칼립투스는 170년 전 인도네시아에서 처음 발견되었어요. 특이하게 생긴 나무껍질 때문에 유칼립투스 데글룹타라는 이름으로 불렸지요. 데글룹타는 라틴어로 '벗겨진'이라는 뜻이에요. 밖에서 보면 나무껍질의 색이 주황색이에요. 그런데 나무가 자랄수록 껍질이 줄줄이 벗겨지며 빨간색과 주황색, 노란색, 초록색, 파란색, 보라색이 나타난답니다.

무지개 유칼립투스의 내부는 초록색이에요.
그리고 껍질은 공기에 얼마나 오래
노출되었는지에 따라 색깔이 달라진답니다.

운무림

2013년에 처음 발견된 올링기토는 콜롬비아와 에콰도르의 운무림에 살아요.

열대 우림 대부분은 낮은 지대에 있지만, 운무림은 높은 산 위에서 주로 볼 수 있고 구름에 뒤덮여 있어요. 축축한 환경 덕분에 독특한 종류의 식물과 동물이 이곳에 서식한답니다.

운무림의 나무들은 뿌리로 물을 흡수할 뿐만 아니라 나뭇잎으로도 흡수해요. 구름에는 수분이 많기 때문에 물방울이 떨어져 나뭇잎을 적시지요. 이것을 안개비라 불러요. 나무 꼭대기에서 나뭇잎으로 흡수되지 않은 물은 다른 나뭇잎이 흡수하도록 아래로 떨어져요. 남은 물은 밑으로 내려가 땅바닥으로 가라앉지요.

운무림은 지구에서 1퍼센트 정도밖에 없어요.

에콰도르 북서쪽에 있는 초코 지역의 운무림 풍경이에요.

타이가

작고 단단한 클라우드베리
나무는 전 세계 타이가
숲에서 자라요.

러시아어로 '작고 뾰족한 나뭇가지의 땅'이라는 뜻의 타이가는 춥고도 쓸쓸한 숲이에요. 아한대 숲인 이곳은 영어로 '보리얼 boreal' 숲이라고도 불리는데, 차가운 북풍을 몰고 오는 그리스 신 '보레아스 Boreas'의 이름에서 따왔어요.

이 지역은 지구의 북반구에만 있어요. 차디찬 북극 바로 아래, 북아메리카와 스칸디나비아반도, 러시아에만 있지요. 1년 중 절반 이상이 겨울이고, 기온도 대부분 섭씨 0도 아래로 내려가 눈이 많이 내려요. 짧게 지나가는 여름은 따스하고 비가 내리지요. 이곳에서 자라는 나무는 가문비나무, 전나무, 소나무 등 침엽수예요. 침엽수의 나뭇잎은 뾰족하고 단단한 모양으로 아주 추운 날씨에서도 살아남을 수 있어요.

지구에 있는 숲 중 약 3분의 1이 타이가예요.

캐나다 퀘백주의
눈 덮인 타이가 숲이에요.

숲 속 나무

숲의 나무들은 크기와 모양이 제각각이지만, 조금이라도 더 빛을 받기 위해 경쟁하며 높이높이 자라야 해요. 전 세계에서 가장 큰 나무 대회 1등은 미국 캘리포니아주에 있는 커다란 세쿼이아 나무예요. 제너럴셔먼이라 부르는 이 나무의 몸통은 지름이 10미터나 된답니다. 그보다 세계에서 가장 키 큰 나무는 세쿼이아 나무와 매우 비슷한 삼나무인데, 높이가 약 116미터예요.

나무의 종류는 모양과 잎사귀, 나무껍질의 색깔, 무늬의 특징, 느낌에 따라 알 수 있어요. 특히 껍질은 곤충과 균류를 막아 주는 아주 중요한 역할을 하지요. 그리고 나무가 말라 죽지 않도록 보호해 줘요. 어린 나무의 껍질은 매끈하지만, 나이를 먹을수록 껍질이 갈라지고 벗겨져서 다양한 질감과 색깔을 멋지게 뽐낸답니다.

세계에서 가장 오래된 나무는 므두셀라라고 부르는 강털소나무예요. 미국 캘리포니아주 화이트산맥에서 자라는데 무려 4,850살이 넘었답니다.

나무에는 두껍고 넓게 퍼진 뿌리가 있어요. 뿌리는 흙에 있는 물과 영양분을 빨아들여 나무 몸통으로 보내 줘요.

나무껍질은 색깔과 질감에 따라 다양해요. 사진에 보이는 나무껍질은 모두 낙엽수예요. (왼쪽부터 오른쪽으로, 위에서 아래로) 티베트벚나무, 삼나무, 자작나무, 단풍나무, 플라타너스, 너도밤나무.

툰드라 평원은 지구의 약 20퍼센트를 차지해요.

툰드라

북극버들은 툰드라에서 살 수 있는 몇 안 되는 꽃식물 중 하나예요.

'툰드라'라는 말은 핀란드어 '툰투리아 tunturia'에서 왔어요. 황무지 또는 나무가 없는 언덕이란 뜻이죠. 정말로 툰드라의 풍경은 황량하고 거의 1년 내내 땅이 얼어붙어 있어요. 땅이 살짝 녹았다 해도 나무가 자라기에는 너무 척박해요.

북극 툰드라는 알래스카와 아이슬란드, 시베리아 등 북극 근처에 있어요. 이렇게 나무가 없는 황무지는 특별한 이유 때문에 놀라워요. 여름에 다각형 모양의 수많은 무늬가 나타나거든요. 이런 무늬는 얼어 있거나 돌투성이인 땅 위의 수분을 머금은 얇은 토양층이 얼었다 녹기를 반복하면서 생긴답니다. 1년 내내 얼어 있는 영구 동토층에서는 물이 빠져나갈 수가 없어요. 땅에 갈라진 틈이 얼었다 녹으며, 다각형 모양 웅덩이에 물을 모으지요.

여름이 되면 러시아 시베리아에 있는 타이미르반도에는 평평한 육각형 모양이 땅을 뒤덮어요.

열대 습지

판타나우에는 카이만 악어가
약 1000만 마리나 살아요.

'판타나우'라는 말은 '판타누 pantano'라는 포르투갈어에서 왔는데,
'커다란 늪'이라는 뜻이에요.

브라질, 볼리비아, 파라과이에 걸쳐 있는 판타나우 습지예요. 우기에 찍은 사진이랍니다.

남아메리카의 판타나우는 1년 중 적어도 얼마 동안은 세계에서 가장 커다란 열대 습지가 되어요. 11월부터 3월에 걸친 우기에는 따뜻한 열대성 호우가 주변 산맥 사이로 세차게 내리고, 홍수로 물이 불어 넘치지요. 초원이 물에 젖으면 늪과 작은 호수가 만들어져요.

홍수 덕분에 판타나우는 아주 비옥해져요. 그리고 이곳에서는 5,000종에 가까운 식물과 동물이 어우러져 살지요. 3월이 지나고 판타나우에 건기가 찾아오면 육지가 늘어나고 물이 빠져요. 연못의 크기도 작아지고 물고기들은 서로 가까이 헤엄칠 수밖에 없어요. 그럼 새들이 물고기를 잡으러 달려듭니다. 건기에는 한때 물속에 잠겨 있던 비옥하고 풍요로운 땅에서 풀이 다시 자랍니다.

맹그로브 늪

맹그로브 나무는 '호염 식물' 이에요. 소금을 좋아하는 나무라는 뜻이랍니다.

맹그로브 늪은 열대 해안 지역의 60퍼센트를 차지합니다.

전 세계 따스한 열대 바닷가에서는 모래와 진흙에서 맹그로브 나무가 자라요. 맹그로브는 참 특이한 나무랍니다. 소금물 속에서도 잘 자라거든요. 나무에는 긴 뿌리가 엉켜 있어 진흙 속에서도 넘어지지 않고 버틸 수 있어요. 그리고 수면의 높이가 낮아져 뿌리가 물속에 있지 않을 때에는 숨을 쉰답니다. 나뭇잎도 특이해요. 두껍고 기름을 바른 것처럼 매끄러운데, 소금 때문에 메마르지 않게 해 준답니다.

시간이 흘러 맹그로브 나무의 뿌리가 나와 커다란 숲을 이루었어요. 맹그로브 숲은 바닷가에 몰아치는 폭풍을 막아 주지요. 수많은 동물들이 이곳을 보금자리로 삼아요. 뿌리와 나뭇가지 사이를 오르내리기도 하고, 물속에서 헤엄을 치는가 하면, 진흙과 모래 속에 몸을 파묻기도 한답니다.

이곳 맹그로브 늪은 도미니카공화국 로스아이티세스 국립 공원에 있어요.

계단식 논

볍씨를 뿌리고 나서 벼가 자라 수확할 준비가 되기까지 대략 5개월이 걸려요.

초록빛의 아름다운 계단식 논은 필리핀 루손섬의 산비탈을 깎아 만든 거예요. 이곳에서 수천 년 동안 살았던 이푸가오인들의 솜씨랍니다. 계단식 논 사이사이에는 이푸가오인들의 마을이 자리 잡고 있고, 여기에는 농부들이 사는 발레스라는 집이 있어요. 알랑이라 부르는 곡물 저장고도 있고요.

산비탈은 농사를 짓기 너무 가팔라서, 농부들은 계단처럼 생긴 논을 만들고 돌이나 진흙으로 벽을 만들었어요. 그리고 이곳에 쌀농사를 짓습니다. 비가 오면 산꼭대기 숲에서 물이 산비탈을 타고 수로를 통해 흘러내려 와요. 물은 연못에 고여 논에 물을 댈 때 쓴답니다. 마을 주민들 모두 연못과 논, 수로를 해마다 정성껏 보살핀 덕분에 언제나 쌀을 풍족하게 거두어요. 농사짓는 법을 대대로 가르치기 때문에 어린이들도 미래에는 훌륭한 농부가 될 거예요.

루손의 계단식 논의 나이는 2,000살이 넘어요.

이푸가오인들의 계단식 논은 루손섬 북부에 있는 바타드 마을에 있어요.

네덜란드의 해안 간척지에서는 도랑을 파서 물을 빼고 땅을 메워요. 한때는 풍차로 물을 끌어 올렸지만 지금은 전기식 펌프가 더 흔히 쓰인답니다.

땅을 개간해요

'네덜란드'는 '낮은 땅'이라는 뜻인데, 실제로도 이 네덜란드 국토 대부분의 높이가 해수면에 가깝거나 더 낮지요. 이 때문에 네덜란드는 항상 홍수 위험에 시달렸어요. 그래서 2,500년 전 네덜란드인들은 흙을 쌓아 올려서 그 위에 집을 짓고 물 피해를 막았지요. 이렇게 쌓아 올린 흙무더기를 '테르펀'이라 불렀어요. 테르펀을 안전하게 지키기 위해 사람들은 데이커라 부르는 작은 벽을 주위에 만들었어요. 나중에는 땅에 고인 물을 빼고 풍차를 이용해 수로로 물을 보냈지요. 이렇게 새로 개간한 땅을 해안 간척지라 불러요. 지금도 이러한 방식으로 간척지를 만들고 있지만 풍차가 아닌 전기식 펌프를 쓰고 있답니다. 그리고 데이커와 댐, 폭풍 방어벽 등으로 간척지를 보호하고 있어요.

네덜란드 영토의 약 20퍼센트는 바다를 메운 거예요.

폴더르 보르머르 이스프엔넥의 해안 간척지는 네덜란드 암스테르담 북부에서 19킬로미터 떨어진 곳에 있어요.

용어 풀이

격류 결빙 작은 바늘처럼 생긴 결정으로 이루어진 물질. 아주 차가운 물이 얼어서 만들어집니다.

과냉각 고체로 만들지 않고 얼음이 어는 온도 아래로 액체의 온도를 낮추는 것.

광석 금속을 추출할 수 있는 암석.

급류 얕고 돌이 많은 강바닥 위에 빠르게 흐르는 물.

기포체 갈색 해초류와 같은 해초의 길게 갈라진 잎에 있는 주머니로 공기가 들어 있어 둥둥 뜰 수 있어요.

낙엽수 계절마다 잎이 떨어지고 새잎이 돋아나는 관목이나 나무.

단층 산맥 육지 한 덩어리가 다른 덩어리를 밀어 올릴 때, 땅이 함께 움직이며 생기는 산맥.

단층 암석이 다른 암석을 지나갈 때 생기는 균열.

달무지개 물방울 위에서 달빛이 비칠 때 생기는 빛의 현상. 밤에만 일어납니다.

대기 지구를 둘러싼 가스층.

대류권 지구 대기의 가장 낮은 층.

대륙 지각 대륙과 그 주변의 얕은 대륙붕을 구성하는 암석층.

동굴 퇴적물 동굴에서 생긴 천연 암석. 석순, 종유석, 동굴 진주 등이 있어요.

땅꺼짐(싱크홀) 무른 암석 표면에 생긴 거대한 구멍. 비가 많이 내리고 깎여서 생깁니다.

렌즈구름 동그란 모양의 구름으로 하늘에서 층층이 쌓여요. 산악 지역 근처에서 종종 보입니다.

마그마 지구의 맨틀과 지각에서 만들어진 녹은 암석.

마엘스트롬 크고 강력한 소용돌이.

맨틀 지구의 지각과 외핵 사이에 있는 층.

모스 경도계 프리드리히 모스가 도입한 것으로, 광물의 상대적인 굳기를 나타낸 척도.

모호면 지구의 지각과 맨틀 사이에 있는 경계.

물결구름 파도처럼 잔물결을 이루며 낮게 드리우는 구름.

미세 조류 식물과 비슷한 아주 작은 유기체인데, 바다와 민물 모두에서 살아요.

방해석 흰색 또는 투명한 물질로, 퇴적암이나 변성암에서 볼 수 있어요.

범람원 강 옆에서 물이 넘쳐흐르는 평평한 땅.

변성암 강력한 열이나 압력으로 변한 암석.

빙하 얼어붙은 강 위에 켜켜이 쌓인 눈으로, 무게를 이기지 못해 아래로 흐르는 것을 말해요.

산록 빙하 부채꼴 모양으로 언덕 바닥에 넓게 퍼지는 빙하.

삼각주 바다 근처에 삼각형 모양으로 만들어진 범람원.

생태계 특정 환경 속에서 식물과 동물이 함께 사는 것.

성층 화산 폭발한 용암과 화산재가 켜켜이 쌓여 가파르게 만들어진 화산.

수류 바다 또는 강물이 일정하게 흐르는 방향.

습곡 산맥 암석층이 서로 밀어내 구부러지고 위로 올라가며 만들어진 산.

쌘비구름 적란운, 뇌운이라고도 불리며, 비와 우박, 천둥, 번개를 만들 수 있는 유일한 구름.

쓰나미 해저 지진이나 산사태로 일어나는 엄청나게 큰 파도.

안개무지개 햇빛이 안개 속 작은 물방울 사이에 퍼질 때 생기는 현상. 하얗게 보이거나 희미한 색이 보여요.

안개비 구름에서 떨어지는 물. 나뭇잎에 떨어져서 축축하게 만들어요.

야광구름 따뜻한 여름 저녁에 해가 지고 나서 높은 층에 생기는 구름.

연니 깊은 해저에 가라앉은 퇴적물.

열수 분출공 깊은 해저에 길게 갈라진 틈. 근처에 화산 활동이 일어나 이곳으로 광물을 품은 뜨거운 액체가 흘러나올 때가 있어요.

영구 동토층 1년 내내 얼어 있는 땅.

용암 화산이나 지표면의 틈 사이에서 지표면으로 분출되는 액체 마그마.

우각호 'U' 자 모양 호수 혹은 웅덩이. 강의 양쪽 끝부분이 잘려서 생겨요.

운석 지구에 떨어진 유성.

유방구름 중간 정도 높이에서 방울 모양으로 만들어지는 구름으로, 폭풍우 치는 날씨의 전조 현상이 되기도 합니다.

유성 암석과 우주 먼지로 만들어진 별똥별. 지구 대기를 뚫고 들어올 때 불타올라요.

자개구름 분홍빛을 띠는 구름으로 극지방에서만 보입니다.

조류 물에 사는 식물성 유기물의 일종으로, 줄기나 잎이 없어요.

조류의 만개 물속에서 미세 조류가 넓게 퍼지는 것.

줄무늬 빙산 흰 줄무늬나 파란 줄무늬로 이루어진 빙산.

중앙 해령 물속에 있는 산맥으로, 이곳에서 새로운 해양 지각이 만들어져요.

지열 활동 뜨거운 마그마가 지하에 있는 물을 데우는 것.

지질학자 지구의 기원과 구조, 지구를 구성하는 물질을 연구하는 과학자.

진원 지하에 지진이 시작하는 지점.

층쌘구름 하얗고 보송보송한 구름으로 층적운이라고도 하며 가장 흔히 볼 수 있어요.

침식 물이나 바람, 얼음의 힘으로 암석 또는 흙이 점차 닳고 사라지는 것.

칼데라 화산이 폭발하고 분화구가 무너진 후 생긴 커다란 구멍.

탄산 소다 화산암에서 나오는 물질로, 물을 알칼리성으로 만들어요.

퇴적암 압축되어 단단해진 퇴적물로 만들어진 암석. 사암과 석회암이 퇴적암에 속해요.

틈 땅에 길게 갈라진 것.

풍화 지표면의 암석이 침식에 의해 이동하기 전, 얼음과 바람, 물, 열, 화학 작용 때문에 쪼개지는 것.

합금 두 종류 이상의 금속을 한데 섞는 것.

해양 지각 바다 밑에서 볼 수 있는 지각.

핵 주로 니켈과 철로 구성되어 있으며, 지구의 내핵은 고체 상태이고 외핵은 액체 상태예요

화산호 둥그런 화산 분화구 안에 물이 차오른 것.

화성 쇄설물 화산이 폭발하여 생긴 암석. 화산암괴, 화산 자갈, 화산 먼지 등이 있어요.

화성암 마그마 또는 용암이 굳어서 생긴 암석.

그림으로 보는 지구

핵 8쪽

맨틀 10쪽

암석이 많은 지각 12쪽

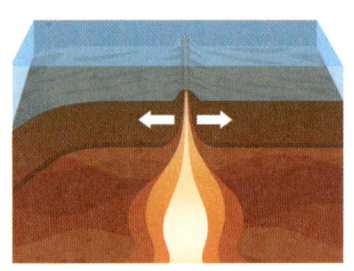
거인의 방죽길 14쪽

운석 구덩이 16쪽

악마의 탑 20쪽

무지개 암석 22쪽

화석 24쪽

대리암 26쪽

금속 28쪽

자수정 32쪽

다이아몬드 34쪽

두 개의 판 사이에 40쪽

단층선 42쪽

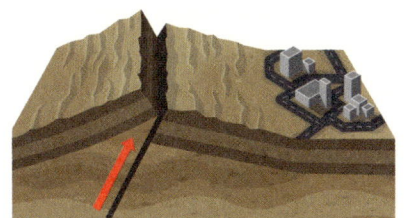
솟아오르는 산 44쪽

습곡 산맥 46쪽

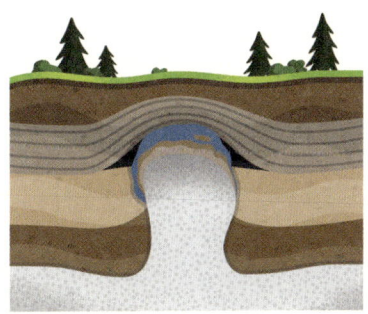
암염 돔 48쪽

크라카타우의 아이 50쪽

화산재 구름 52쪽

파호이호이 용암 54쪽

아아 용암 56쪽

213

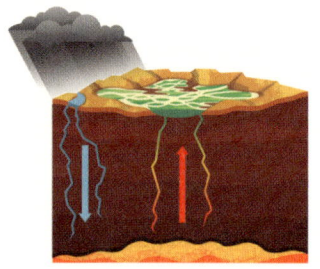
산성 물웅덩이 58쪽

간헐천 60쪽

화산섬 64쪽

시스택 66쪽

다양한 모양의 돌 68쪽

벌집 풍화 70쪽

백악질 절벽 72쪽

산사태 74쪽

눈사태 76쪽

망상 하천 82쪽

강의 모양 84쪽

삼각주 86쪽

물에 뜬 무지개 88쪽

폭포 90쪽

염호 92쪽

크레이터호 94쪽

피오르 96쪽

거대 동굴 98쪽

동굴 퇴적물 100쪽

동굴 진주 102쪽

연기 굴뚝 106쪽

망간 단괴 108쪽

연니 110쪽

파도 112쪽

소용돌이 114쪽

산호초 116쪽

환초 118쪽

갈색 해초류 숲 120쪽

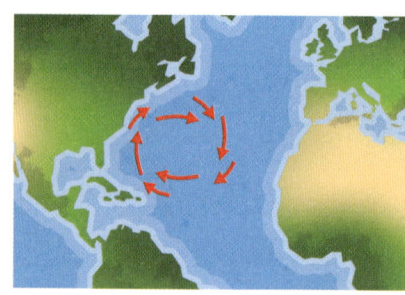
바닷말 122쪽

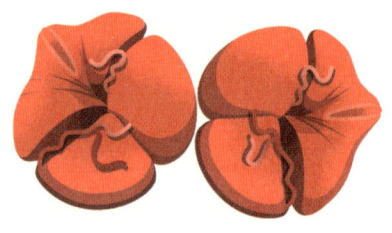
적조 124쪽

눈 괴물 128쪽

빙하 130쪽

해빙 132쪽

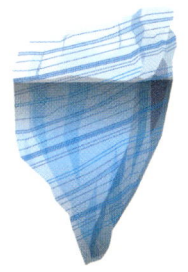
줄무늬 빙산 134쪽

파란 얼음 136쪽

얼음 동굴 138쪽

얼음 폭포 140쪽

오로라 146쪽

바람 148쪽

구름 150쪽

폭풍 구름 152쪽

비 154쪽

토네이도 156쪽

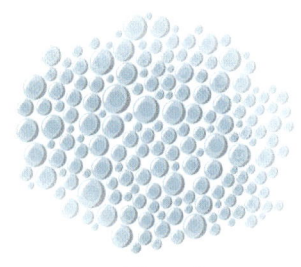
안개 158쪽

우박 160쪽

얼음 폭풍 162쪽

눈송이 164쪽

무지개 166쪽

햇무리 168쪽

끊임없는 폭풍 170쪽

건열 172쪽

뜨거운 사막 178쪽

추운 사막 180쪽

버섯바위 182쪽

모래 184쪽

카르스트 지형 186쪽

사바나 188쪽

온대림 190쪽

무지개 유칼립투스 192쪽

운무림 194쪽

타이가 196쪽

숲 속 나무 198쪽

툰드라 200쪽

열대 습지 202쪽

맹그로브 늪 204쪽

계단식 논 206쪽

땅을 개간해요 208쪽

찾아보기

ㄱ

감람석 모래 185
강털소나무 199
갠지스 삼각주(인도) 87
거대 파도 113
격류 결빙 140
결정 5, 33, 71
계단식 논 206
고비 사막 175, 181
고생물학자 25
과냉각 140, 163
광석 28
광합성 30
구리 28-29, 108
그랜드뱅크스(캐나다) 158
그린란드 126, 131
금 28-29
급류 79, 85
기류 156
기온 80, 139, 144-145, 165, 179, 197
기포체 121
기후 63, 131, 155, 175-176, 191

ㄴ

나미브 사막 179
나트론 호수(탄자니아) 92
남극 6, 38, 126-127, 133, 135-137, 147-148, 167, 175-177, 181
남극판 39
남아메리카판 38
내핵 7, 9, 11
네덜란드 209
늪 175, 202-203
니켈 7, 9, 108

ㄷ

다각형 172, 201
단층 43-45
달무지개 169
대기 6, 17, 30-31, 52, 80, 93, 133, 143-145, 151
대류권 144-145, 151
대륙 6-7, 38-39, 62-63, 127
대륙 지각 7, 12-13
대리암 26-27
대리암 동굴(칠레) 27
대양 7, 39, 49, 104

데이커 209
도버의 백악질 절벽(영국) 72-73
돌리네 99
드라크 동굴(마요르카) 100
땅꺼짐(싱크홀) 187

ㄹ

렌즈구름 151
루비 34-35

ㅁ

마그네슘 7, 11
마그마 6, 12-13, 18, 20, 37, 40, 52, 58, 61, 106
마다가스카르 63
마라카이보호(베네수엘라) 170
마엘스트롬 114
마우나케아(하와이) 65
마카레니아 클라비헤라 88-89
말굽 호수 85
맹그로브 숲 205
모스 경도계 34
모호면 11
무지개산(중국) 23

미세 조류 124, 135
민물 6, 79, 93, 95, 124, 133, 135, 139, 155

ㅂ

바이칼호(러시아) 139
방해석 99-100, 103
배링거 운석 구덩이(미국) 17
백악질 72-73, 117
번개 143, 153, 170
범람원 85
베트남 만리장성 99
변성암 18-19, 26-27, 184
보슬비 155
보초섬 62
부석 20
북극 71, 126-127, 129, 133, 147, 175-176, 181, 197, 201
북아메리카판 38-40, 43, 65
분기공 60
블루아이스 동굴(러시아) 139
빅토리아 폭포(잠비아, 짐바브웨) 90
빙산 79, 133, 135-137
빙하의 발가락 130
뾰족 바위 183

ㅅ

사구(모래 언덕) 175, 179, 181
사르가소해 122-123
사막 71, 127, 175-179, 181, 183-184, 188
사암 23, 68, 71, 182
사파이어 35
사하라 사막 175, 179
산록 빙하 131
산맥 40, 45, 47, 203
산소 7, 9, 31, 143, 145, 147
산타마리아 화산(과테말라) 52
산호 30, 63, 117-119, 184
산호섬 63
삼나무 199
상미겔섬(아조레스) 65
상승 기류 161
샌안드레이어스 단층(미국) 37, 43
석류석 모래(금강사) 184
석순 100
석영 33, 182, 184
석유 30-31
석탄 30-31
석호 118-119
석회암 27, 30, 47, 67, 72-73, 100, 103, 182-183, 187
선도옹 동굴(베트남) 99, 103
성게 72, 121
성층 화산 51
성층권 145
세쿼이아 나무 199
셰일 31
소금 결정 71
소금 사막 93
소금 산(이란) 48-49
수생 식물 89
수증기 6, 37, 61, 80-81, 143, 145, 151, 155, 158
스카른 26
스트로퀴르 간헐천(아이슬란드) 60-61
슬로프포인트(뉴질랜드) 148-149
습곡 47
습도 80, 158, 177
시드니 사암 71
시에라네바다산맥(미국) 44-45
식물성 플랑크톤 111
심해층 105
쌘비구름 153
쓰나미 51

ㅇ

아라고나이트 100
아살호(지부티) 92-93
아이슬란드 40, 52, 60-61, 82, 143, 201
아조레스 65
아치 66-67, 183
아프리카판 39, 65
안개무지개 168-169
안개비 194
안데스산맥 38
암모나이트 72
암흑층 105
앤털로프캐니언(미국) 68

야광구름 151
약광층 105
얼음 결정 133, 140, 155, 165, 169
에러버스산 126
에메랄드 34-35
에베레스트산 37
열권 144
열대 우림 90, 99, 176-177, 193-194
열두 사도 바위(호주) 66-67
열수 분출공 106
영구 동토층 177, 201
예이랑에르 피오르(노르웨이) 97
오아시스 178-179
온천 37, 40, 58, 106
외기권 144
외핵 7, 9, 11
용암 5, 15, 18, 33, 37, 51-52, 55-56, 62, 65, 79, 126, 139
우각호 85
운석 9, 16-17
위성 144
유광층 105
유라시아판 39-40, 65
유방구름 151-153
유성 17, 144
유콘 삼각주(미국) 85
육지섬 63
은 28
이매패 조개 72
이산화 탄소 6, 30-31, 145

ㅈ

자개구름 151
자외선 145
저수지 172
조개껍데기 모래 185
조류 대증식 124
조석섬 62
존스턴캐니언(캐나다) 140
종유석 100
주석 28
중간권 144
중앙 해령 14, 40
즈진 동굴(중국) 100
증발 58, 71, 80, 93, 155
증산 80
지각 6-7, 9, 11-12, 18, 38, 47, 55, 58, 65, 79, 93
지열 5, 60, 93
지중해 39, 176-177
지진 11, 37, 43, 74, 77
지질 구조판 38
지하수 37, 58, 61, 99

ㅊ

천둥 143, 151, 153, 170
천연가스 31
철 7, 9, 11, 23, 58, 108
청동 28
초거대 대륙 38
초원 177, 189, 203

초창기의 대기 145
층쌘구름 151
침식 5, 19, 67, 175, 187
침엽수 129, 177, 197

ㅋ

카뇨 크리스탈레스강(콜롬비아) 89
카레니아 브레비스 124
카르만 라인 144
카타툼보 번개 170
칼데라 51
코끼리 발 빙하(그린란드) 130-131
코발트 108
코콜리드 110-111
크레이터호(미국) 94-95
킬라우에아(하와이) 37, 56
킴벌라이트 10

ㅌ

탄산 칼슘 30, 111, 183
탄소 30-31
태양 5, 9, 31, 52, 80, 127, 144-145, 147, 155, 167
태평양 38-39, 56, 108, 118-119
태평양판 38-39, 43
테르펀 209
토레스 델파이네산(칠레) 12-13
퇴적 19
퇴적암 18-20, 23, 25
티타늄 108

ㅍ

파장 167
파킨 환초(미크로네시아) 118-119
판게아 38, 63
판의 경계 38, 43, 65
판타나우 202-203
편암 26
폭포 40, 79, 85, 90, 140, 167
폴립 117
풍화 5, 18, 71, 175, 183, 185

ㅎ

하강 기류 161
하와이 37, 56, 62, 65, 184
한밤중의 태양(극지방) 127
합금 28
해구 104-105
해류 114, 122-123
해양 지각 7, 13-15, 38, 106
해초 121-123
허리케인 149
현무암 14-15, 56, 184
호염 식물 204
호주판(오스트레일리아판) 39
혼성암 26
홍고린엘스(고비 사막) 181
홍수 68, 155, 203, 209
화강암 12, 20
화산 모래 185
화산 쇄설물 52
화산재 51-52
화산탄 52
화석 연료 30-31
화성암 18-20
환류 122-123
흑요석 20
히말라야산맥 47, 77, 87

100가지 사진으로 보는
지구의 신비

1판 1쇄 발행 2023년 12월 1일

지은이 캘리 올더쇼
그린이 안젤라 리자, 다니엘 롱
옮긴이 김미선
감수 맹승호

펴낸곳 (주)도서출판 책과함께
주소 서울시 마포구 동교로 70 소와소빌딩 2층
전화 02-335-1982 **팩스** 02-335-1316
전자우편 prpub@daum.net
블로그 blog.naver.com/prpub
등록 2003년 4월 3일 제2003-000392호
ISBN 979-11-92913-25-4 73450
ISBN 979-11-92913-27-8 (세트)

이 책의 한국어판 저작권은 영국 'Dorling Kindersley'와의 독점 계약으로 '(주)도서출판 책과함께'가 소유합니다. 저작권법에 의하여 한국 내에서 보호를 받는 저작물이므로 무단 전재 및 복제를 금합니다.

An Anthology Of Our Extraordinary Earth

First published in Great Britain in 2023 by
Dorling Kindersley Limited
DK, One Embassy Gardens, 8 Viaduct Gardens,
London, SW11 7BW

Copyright © Dorling Kindersley Limited, 2023
A Penguin Random House Company
All rights reserved.
Korean Translation copyright ©CUM LIBRO, 2023

Printed and bound in China

www.dk.com

지은이 **캘리 올더쇼**
캘리 올더쇼는 지질학자이자 보석학자입니다. 보석에 관한 책을 열다섯 권 썼으며, 화산과 지진, 바다를 주제로 한 지구과학책도 냈습니다. 캘리는 텔레비전과 라디오에도 출연하였으며 런던에 있는 자연사 박물관의 보석관 전시 책임을 맡고 있습니다.

그린이 **안젤라 리자**
안젤라 리자는 집 주변의 야생 동물과 어린 시절 가장 좋아하던 이야기에서 영감을 받습니다. 어린이 책을 작업할 때에는 내면의 아이가 좋아할 이미지를 떠올리고, 독자들의 관심을 사로잡을 내용과 색상을 마음껏 넣어 수준 높은 그림을 그립니다.

그린이 **다니엘 롱**
다니엘 롱은 어렸을 때 야생 동물에 푹 빠져 살았습니다. 지금도 주로 자연의 세계에 영향을 받은 그림을 계속 그리고 있지요. 쥐라기의 공룡이든 아마존 열대 우림에 사는 거미원숭이, 재규어 또는 그가 사는 곳 근처 국립 공원의 물총새와 수달이든 가리지 않아요.

옮긴이 **김미선**
중앙대학교 사학과 졸업 후 미국 마켓 대학교에서 커뮤니케이션으로 석사 학위를 받았습니다. 현재 어린이·청소년 출판 기획 및 번역을 하고 있습니다. 옮긴 책으로 《아홉 살에 처음 만나는 별자리》, 《어린이를 위한 세계사 상식 500》, 《어쩌다 고고학자들》 등이 있습니다.

감수 **맹승호**
서울교육대학교 과학교육과에서 과학교육학과 지구과학을 가르치고 있습니다. 천문과 기상 및 지질 정보를 활용한 지구과학 학습, 과학 학습을 위한 대화 방식에 관해 연구하고 있습니다.

일러두기

이 책의 용어들은 대체로 《지구과학사전》((사)한국지구과학회 편, 2009), 〈표준국어대사전〉을 따랐습니다. 이 책의 일부 서술은 한국 독자의 이해를 돕고 과학적 사실에 부합하기 위해 원서의 내용을 약간 수정한 것임을 밝힙니다.

사진 출처

사진 사용을 허락해 주신 분들께 감사 말씀을 드립니다.

(Key: a-above; b-below/bottom; c-centre; f-far; l-left; r-right; t-top)

4 Alamy Stock Photo: Alexisaj (tl); Elizabeth Nunn (tr). **Dreamstime.com:** Baloncici (bl); Bjrn Wylezich (br). **6-7 Science Photo Library:** Gary Hincks (c). **8-9 Dreamstime.com:** PhotoChur. **10 Alamy Stock Photo:** E.R. Degginger. **12-13 Dreamstime.com:** Maciej Bledowski (b). **14-15 Getty Images / iStock:** benedek. **16-17 Science Photo Library:** Herve Conge, ISM. **18 Dorling Kindersley:** Oxford University Museum of Natural History (cl). **20-21 Shutterstock.com:** Edwin Verin. **22-23 Getty Images:** kittisun kittayacharoenpong. **24-25 Dorling Kindersley:** Royal Tyrrell Museum of Palaeontology, Alberta, Canada (b). **26-27 Getty Images:** Sian Seabrook. **28 Dreamstime.com:** Bjrn Wylezich (b). **28-29 Dreamstime.com:** Bjrn Wylezich (tc). **29 Dreamstime.com:** Bjrn Wylezich. **30 Dorling Kindersley:** Oxford University Museum of Natural History (bl). **31 Dorling Kindersley:** Natural History Museum, London (bc). **Dreamstime.com:** Geografika (bl). **32 Dreamstime.com:** Bohuslav Jelen. **34 Dreamstime.com:** Roberto Junior (r). **35 Dreamstime.com:** Thelightwriter (l). **36 Alamy Stock Photo:** Kip Evans (tl). **AWL Images:** Guy Edwards (tr). **Getty Images:** Monica Bertolazzi (b); Jim Sugar (tc). **41 Alamy Stock Photo:** Martin Strmiska. **42 Alamy Stock Photo:** Phil Degginger. **44-45 4Corners:** Bernd Grundmann. **46-47 Alamy Stock Photo:** Matthijs Wetterauw. **48-49 Alamy Stock Photo:** Saeed Abdolizadeh. **50-51 Shutterstock.com:** Deni_Sugandi. **53 AWL Images:** Frank Krahmer. **54-55 Getty Images:** Matt Anderson Photography. **57** Alan Cressler. **59 Alamy Stock Photo:** Zoonar / Artush Foto. **60-61 Getty Images:** Nikolay Pandev / EyeEm. **62 Alamy Stock Photo:** Vincent M / Andia (bl); LWM / NASA / LANDSAT (tl). **Robert Harding Picture Library:** Planet Observer (crb). **63 Alamy Stock Photo:** Planet Observer / Universal Images Group North America LLC (c). **Getty Images / iStock:** graphixel (br). **64 AWL Images:** Marco Bottigelli. **66-67 Dreamstime.com:** Taras Vyshnya. **68-69 Dreamstime.com:** Minnystock. **70-71 Shutterstock.com:** Fotimageon. **72-73 Getty Images / iStock:** Alphotographic. **74-75 Alamy Stock Photo:** Adelheid Nothegger / imageBROKER. **76 Shutterstock.com:** Andrei Kovin. **78 Alamy Stock Photo:** Martin Strmiska (t). **AWL Images:** Frank Krahmer (cr). **Dreamstime.com:** Anna Komissarenko (br); Pniesen (bl). **82-83** Andre Ermolaev. **84-85** Alaska Region U.S. Fish & Wildlife Service: Kristine Sowl. **86-87 Getty Images:** Planet Observer / Universal Images. **88-89 Alamy Stock Photo:** travel4pictures. **90-91 Dreamstime.com:** Catherina Unger. **92-93 Alamy Stock Photo:** Alexander Bee. **94-95 Getty Images / iStock:** JeffGoulden (b). **96 Getty Images / iStock:** tomch. **98 Getty Images:** Ryan H / 500px. **101 Robert Harding Picture Library:** Nick Upton. **102-103 Robert Harding Picture Library:** Ryan Deboodt. **104 123RF.com:** Chonlasub Woravichan (tc/Sea Turtle). **Alamy Stock Photo:** Brandon Cole Marine Photography (crb); MYN / Sheri Mandel / Nature Picture Library (cl). **Dreamstime.com:** Ingvars (tl); Krzysztof Odziomek (tc, tr); Harvey Stowe (ca). **naturepl.com:** David Shale (cr). **105 123RF.com:** willyambradberry (tc). **Alamy Stock Photo:** David Shale / Nature Picture Library (cr); Adisha Pramod (cb). **naturepl.com:** David Shale (br). **106 Dreamstime.com:** Ingvars (tl); Krzysztof Odziomek (tc, tr); Harvey Stowe (ca). **107 MARUM- Center for Marine Environmental Sciences, University of Bremen:** Center for Marine Environmental Sciences, University of Bremen (CC-BY 4.0). **108-109 Science Photo Library:** NOAA Office Of Ocean Exploration And Research, 2019 Southeastern Us Deep-Sea Exploration. **110 Science Photo Library:** Steve Gschmeissner. **112-113 Getty Images / iStock:** Philip Thurston. **115 Getty Images:** Ray Massey. **116-117 Getty Images / iStock:** cinoby. **118-119 Getty Images / iStock:** Zhao Liu. **120-121 Getty Images:** Douglas Klug. **122-123 Dreamstime.com:** Massimilianofinzi. **125 Science Photo Library:** Bill Bachman. **126 Alamy Stock Photo:** H. Mark Weidman Photography (bl). **Dreamstime.com:** Martyn Unsworth (c). **Science Photo Library:** Louise Murray (cl). **127 123RF.com:** Raldi Somers / gentoomultimedia (bc). **Alamy Stock Photo:** Andr Gilden (tr); RIEGER Bertrand / hemis.fr (cl). **Dreamstime.com:** Andrei Stepanov (cr). **128-129 Getty Images:** David Mareuil / Anadolu Agency. **130-131 Shutterstock.com:** Nicolaj Larsen (b). **132-133 Florian Ledoux Photography. 134 Alamy Stock Photo:** Martin Harvey. **136-137 Alamy Stock Photo:** Eric Dietrich / Hedgehog House / Minden Pictures. **138 Getty Images:** coolbiere photograph. **141 AWL Images:** Tom Mackie. **142 Dreamstime.com:** Tawatchai Prakobkit (t). **Getty Images:** Martin Harvey (cr). **Getty Images / iStock:** heathernemec (br). **Science Photo Library:** Jim Reed Photography (cl). **144 Dreamstime.com:** Wisconsinart (cra). **145 123RF.com:** Leonello Calvetti (cr). **Alamy Stock Photo:** D. Hurst (cra). **Photolibrary: Corbis** (ca). **146 Alamy Stock Photo:** Robert Haasmann / imageBROKER. **148-149 Alamy Stock Photo:** mauritius images GmbH. **150 Alamy Stock Photo:** Per-Andre Hoffmann / Image Professionals GmbH (tr); Katho Menden (tl); Mike Grandmaison / All Canada Photos (bl). **Dreamstime.com:** Menno Van Der Haven (cl). **Getty Images:** Ozkan Bilgin / Anadolu Agency (cr). **152-153 Jim Reed Photography. 154-155 Alamy Stock Photo:** Nigel Roake. **156-157 Alamy Stock Photo:** Jason Persoff Stormdoctor / Cultura Creative Ltd. **158-159 Alamy Stock Photo:** David Wall. **160 Alamy Stock Photo:** Silvia Bragagnolo / EyeEm. **162-163 Getty Images / iStock:** carlosbezz. **164 Science Photo Library:** Kenneth Libbrecht (cl, bl, c). **165 Science Photo Library:** Kenneth Libbrecht (tl, tr). **166 Alamy Stock Photo:** Andy Rouse / Nature Picture Library. **168 Dreamstime.com:** Chayanan Phumsukwisit (b). **Getty Images:** Martin Ruegner (c). **naturepl.com:** Erlend Haarberg (t). **171 Alamy Stock Photo:** Tourism Ministry / Xinhua. **172-173 Getty Images / iStock:** temizyurek. **174 Getty Images:** Timothy Allen (bc); Arturo Castaneyra (t); Tim Hester / EyeEm (ca). **naturepl.com:** Ugo Mellone (cb). **176 Alamy Stock Photo:** Don Johnston_ON (cb). **Dreamstime.com:** Erectus (cra); Sergey Korotkov (ca); Positivetravelart (crb). **177 Dreamstime.com:** Antonpetrus (cra); George Burba (cla); Max5128 (ca); Hel080808 (crb); Zorro12 (clb); Eugen Haag (cb). **178-179 Alamy Stock Photo:** Ernie Janes / Nature Picture Library (b). **180-181 Alamy Stock Photo:** TravelCollection / Image Professionals GmbH. **182-183 Getty Images / iStock:** cinoby. **184 Science Photo Library:** Dirk Wiersma (tl). **184-185 Dreamstime.com:** Sergey Kolesnikov (c). **185 Dreamstime.com:** μ € (tr). **Science Photo Library:** Dirk Wiersma (cr). **186-187 Getty Images / iStock:** aphotostory. **188-189 Alamy Stock Photo:** Eric Baccega / naturepl.com (b). **190-191 Getty Images / iStock:** DenisTangneyJr. **192 Shutterstock.com:** gg-foto. **194-195 naturepl.com:** Nick Hawkins. **196-197 Getty Images / iStock:** Onfokus. **198 Getty Images:** Krystyna Szulecka Photography (cr). **Getty Images:** Wolfgang Filser / EyeEm (br); Louise Docker Sydney Australia (tl); Gado Images (tr); Arterra / Universal Images Group (cl); Jordan Lye (bl). **200-201 Dreamstime.com:** Vladimir Melnik. **202-203 Getty Images:** Natphotos. **204-205 Alamy Stock Photo:** Kevin Schafer / Minden Pictures. **206-207 Dreamstime.com:** Rodrigolab. **208 Alamy Stock Photo:** frans lemmens

Cover images: *Front:* **Alamy Stock Photo:** Thomas Marent / Minden Pictures cla; **Dorling Kindersley:** Natural History Museum, London crb; **Dreamstime.com:** Olga Khoroshunova cra, Monkeygreen cr, Rumos tc; **Getty Images / iStock:** cinoby bl; **Science Photo Library:** Steve Gschmeissner ca

All other images © Dorling Kindersley. For further information see: www.dkimages.com